Autor _ Malatesta
Título _ Escritos revolucionários

Copyright _	Hedra 2007
Tradução© _	Plínio Augusto Coêlho
Eds. _	2007, 2008
Corpo editorial _	Adriano Scatolin, Alexandre B. de Souza, Bruno Costa, Caio Gagliardi, Fábio Mantegari, Felipe C. Pedro, Iuri Pereira, Jorge Sallum, Oliver Tolle, Ricardo Musse, Ricardo Valle

Dados _ Dados Internacionais de Catalogação na Publicação (CIP)

Malatesta, Errico (organização e tradução: Plínio Augusto Coêlho) – São Paulo : Hedra : 2008 . Bibliografia.

ISBN 97-8857715-083-0

1. Errico Malatesta. I Sociologia. II. Anarquismo III. Título.

08-030   CDD-320.57

Índice para catálogo sistemático:
Sociologia : Anarquismo : Título : 320.57

Direitos reservados em língua portuguesa somente para o Brasil

EDITORA HEDRA LTDA.

Endereço _	R. Fradique Coutinho, 1139 (subsolo) 05416-011 São Paulo SP Brasil
Telefone/Fax _	+55 11 3097 8304
E-mail _	editora@hedra.com.br
Site _	www.hedra.com.br

Foi feito o depósito legal.

Autor _ MALATESTA
Título _ ESCRITOS REVOLUCIONÁRIOS
Organização e tradução _ PLÍNIO AUGUSTO COÊLHO
Introdução _ MAX NETTLAU
Série _ ESTUDOS LIBERTÁRIOS
São Paulo _ 2015

Errico Malatesta (Sta. Maria Capua Vetere, Itália, 1853—Roma, 1932) foi um dos mais ativos e influentes anarquistas. Ainda adolescente, participou da Primeira Internacional em 1871. Orador e propagandista eloquente, logo se tornou um dos líderes do movimento anarquista, ajudando a organizar grupos revolucionários na Itália, Espanha, Romênia, Egito, nos EUA e na América do Sul. Ativista incansável, passou 10 anos preso, foi sentenciado à morte três vezes, e amargou um exílio de cerca de 35 anos em vários países. Escritor prolífico, fundou e dirigiu vários periódicos de orientação anarquista: *La Révolte* (coeditado com Kropotkin), *La Questione Sociale*, *L'Associazione*, *Pensiero e Volontà* e *Umanità Nova*. Para Malatesta, a estratégia fundamental consistia na organização dos trabalhadores e revolucionários como a melhor via para alcançar os objetivos do programa anarquista. Não acreditava na eficácia dos partidos políticos nem na revolução política, convencido de que apenas uma revolução social, liderada pelo povo, constituiria um meio viável de transformação da sociedade. Banido da França, Bélgica e Suíça, países onde teve papel crucial na conscientização dos trabalhadores, viveu os últimos anos de sua vida em prisão domiciliar sob o regime fascista italiano. Com a saúde irreversivelmente abalada pelos constantes deslocamentos, prisões e maus tratos, morreu em decorrência de uma pneumonia em 1932.

Escritos revolucionários reúne alguns dos principais textos de Malatesta. Extraídos em sua maioria da obra *Articles Politiques* (UGE, 1979), organizada por Israël Renof, esses artigos, de grande valor teórico, evidenciam os aspectos sempre presentes na construção do pensamento malatestiano: organização, vontade, tática, combate ao autoritarismo dentro e fora do socialismo, bem como a luta política fora do âmbito da representação parlamentar.

Plínio Augusto Coêlho fundou em 1984 a Novos Tempos Editora, em Brasília, dedicada à publicação de obras libertárias. Em 1989, transfere-se para São Paulo, onde cria a Editora Imaginário, mantendo a mesma linha de publicações. É idealizador e co-fundador do IEL (Instituto de Estudos Libertários).

Max Nettlau (Neuwaldegg, Áustria, 1865o—Amsterdã, 1944), anarquista e historiador, viveu entre Viena e Londres, percorrendo a Europa em busca de documentos históricos sobre o anarquismo e o socialismo. Membro da Liga Inglesa Socialista (1885–1890), escreveu obras de enorme valor para a preservação da memória do anarquismo, entre as quais uma *Bibliographie de l'anarchie* (1897) e uma biografia de Bakunin em três volumes (1896–1900). Em Londres, travou amizade com Kropotkin e Malatesta, com quem manteve correspondência pelo resto de sua vida. Testemunhou a anexação da Áustria pela Alemanha e a invasão dos Países Baixos. Faleceu em 1944, na cidade de Amsterdã, vitimado pelo câncer.

Série Estudos Libertários : as obras reunidas nesta série, em sua maioria inéditas em língua portuguesa, foram escritas pelos expoentes da corrente libertária do socialismo. Importante base teórica para a interpretação das grandes lutas sociais travadas desde a segunda metade do século XIX, explicitam a evolução da ideia e da experimentação libertárias nos campos político, social e econômico, à luz dos princípios federalista e autogestionário.

SUMÁRIO

Introdução, por Max Nettlau 9

ESCRITOS REVOLUCIONÁRIOS 57

Programa anarquista 59

Um pouco de teoria 77

O objetivo dos anarquistas 83

A organização das massas operárias 87

Os anarquistas e o sentimento moral 91

A organização I 95

A organização II 99

Rumo à anarquia 107

Sindicalismo e anarquismo 113

Em torno do nosso anarquismo 121

Democracia e anarquismo 127

Capitalistas e ladrões 131

Questões de tática 135

Repisamentos autoritários 141

O terror revolucionário 145

Anarquia e organização 149

O Estado "socialista" 161

Socialistas e anarquistas 167

Maiorias e minorias 171

INTRODUÇÃO | 9

DE 1871 A 1889

NA SEXTA-FEIRA 22 de julho de 1932, ao meio-dia, morreu em Roma Errico Malatesta. A morte libertou-o de uma cruel doença, e também de uma refinada privação de liberdade que somente os ex-socialistas autoritários sabem impor, com o desejo de inutilizar pelo isolamento as suas vítimas libertárias.

Lenin exilou Kropotkin em um povoado e soube evitar que se recuperasse em clima propício. Mussolini, ex-socialista, exilou Malatesta em sua própria casa e, quando o ancião quis aproximar-se do mar, uma perseguição policial forçou-o a voltar em poucos dias à cidade calorosa, ardente. Outros socialistas elegeram o deserto como residência dos adversários anarquistas, tornando praticamente impossível que os enfermos pudessem encontrar algum alívio. O calabouço do tirano era preferível à crueldade hipócrita do exílio. No entanto, os socialistas autoritários de todos os tempos conservam-nos para povoá-los com outras vítimas.

Malatesta nasceu no dia 4 de dezembro de 1853, e superou a idade de Kropotkin (1842–1921) em alguns meses, cedendo a vida de ambos à mesma doença crônica, acentuada e violenta no curso de uma longa luta contra a morte. O clima da Inglaterra, úmido e brumoso, provavelmente enfraqueceu a saúde dos dois homens. Kropotkin estava acostumado ao frio seco da Rússia, Malatesta à generosa temperança do sul italiano. Malatesta foi também vítima do trabalho. Fazia instalações elétricas e teve que trabalhar frequentemente em condições muito perigosas para os pulmões, não muito resistentes. Precisou pôr seu corpo em contato com as pedras frias, entre correntes de ar que lhe geraram uma pneumonia em certa ocasião, levando-o à beira da morte. Seguiu-se uma dilatação de brônquios que o predispôs a sofrer com o tempo, especialmente entre o inverno e a primavera. No verão de 1931, que foi muito quente, Malatesta teve de se afastar do mar, e um companheiro americano que o visitou então pôde observar que o ancião estava muito debilitado.

Meses depois, coube a ele tratar de uma grave doença de sua companheira. Quando, ao terminar o ano, regozijou-se com sua melhora, pôde gozar de algumas semanas de relativa saúde, mas em abril viu-se enfraquecido pela mesma doença que lhe venceu a vida.

Na última carta que recebi de Malatesta (31 de maio), escreve:

Sim, meu amigo, ainda estou bastante mal, longe de curar-me. Depois de uma má temporada, tive uma bronquite que me colocou a um passo da morte. Não estou bem, talvez eu não seja sequer um convalescente, embora melhore lentamente e talvez possa salvar-me a vida de novo.

A doença agravou-se de 15 a 20 de abril e desde então só pôde respirar com o auxílio de oxigênio. O coração arrefeceu por consequência dos constantes esforços e da alimentação insuficiente. Lutou deliberadamente contra a morte. Bertoni mostrou-me uma carta de Malatesta recebida em 16 de maio:

Passo uma parte do dia amodorrado, meio dormido, como embrutecido. Geralmente não posso descansar de noite. Vivo uma tragédia íntima, a do afeto que me têm os companheiros e o tormento de não merecê-lo. Há ainda algo pior, a consciência que tenho de já não poder fazer nada. Francamente, quando tanto se sonhou e tanto se esperou, é doloroso morrer como eu, nas vésperas de acontecimentos tão desejados[...].

Ao período de abatimento e, sem dúvida alguma, de esgotamento e fragilidade física, seguiu-se a melhora à qual se refere a carta de 31 de maio. O fortalecimento manifesta-se também por uma avidez de notícias, por uma verdadeira sede de estar a par dos acontecimentos. Era muito difícil satisfazer Malatesta, já que não lhe podíamos falar livremente, tendo a correspondência interceptada e muitas vezes sequestrada. O

INTRODUÇÃO

mesmo acontecia com os impressos. Acho que não reagia lendo as correspondências recebidas em tão precárias condições. Eu não me atrevia a completar a informação supondo que demoraria em restabelecer-se, embora não deixasse de ter esperanças. Ainda ignoro concretamente as circunstâncias de sua morte: não sei se faleceu como consequência da fragilidade do coração, por insuficiência de forças para reagir, ou bem foi vítima de uma recaída ou ataque violento. O fato é que nos deixa, e como sempre esteve conosco e foi um militante perfeito já desde 1871, o pesar é maior considerando o quão próximo esteve de nós em nossos anos de vida anarquista.

***

Malatesta nasceu de pais pertencentes à pequena burguesia, ocupados com o fomento de seus negócios. Morreram com pouca idade, depois de facilitar a educação de liceu a Errico. Tinha apenas 17 anos quando começou os estudos de medicina na Universidade de Nápoles — cidade em que viveu, ao que parece, sob a tutela nominal de uma tia mais velha que o deixou livre para que se desenvolvesse e se instruísse, seguindo suas próprias iniciativas. Na infância contemplou a ruína do absolutismo dos Bourbons em 1860, e uma parte da epopeia garibaldina desenvolveu-se próxima ao povoado natal de Malatesta, Santa Maria Capua Vetere, no lugar da Fortaleza de Capua e a luta de Volturno em 1860. Os garibaldinos e o exército piamontês confundiram-se. Mazzini e, pouco depois, Garibaldi cederam, e assumiu o rei Víctor Manuel. Acabaram as esperanças republicanas, impondo-se um novo governamentalismo.

Como não se conseguiram os objetivos nacionais da época (Roma e Veneza), até 1870 viveu-se uma década de conspirações, insurreições, intrigas diplomáticas, nas quais se misturava o fantasma da guerra. Republicanos e partidos populares ainda podiam ser úteis à monarquia, e foram por eles manipulados, controlados e submetidos a paralisações, frequentemente secundárias, sem possível realização de desígnios próprios. Tudo parecia viver como possibilidade, em potência. Agitadores e propagandistas não encontraram muitos inconvenientes. A fachada era liberal. Como o Papa ainda dispunha de Roma e do Estado pontifício, o anticlericalismo foi a religião oficial da monarquia.

No liceu de Nápoles, o adolescente Malatesta pôde observar todas estas particularidades, mas sua essência permanecia na Antiguidade: o republicanismo austero dos heróis históricos da Grécia e de Roma. Este espírito clássico fascinou Malatesta. Sonhava com a república da igualdade, o tiranicídio, o tribunal popular, a barricada rebelde. O próprio Malatesta descreve estes sentimentos de 1868 em um de seus raros artigos introspectivos de 1884.

Já fora do liceu, como estudante de medicina, participou de manifestações populares, e para dizê-lo com suas próprias palavras: "Como republicano, contemplei pela primeira vez o interior de uma prisão da monarquia". Sei, por uma carta do próprio Malatesta, que pretendeu entrar em uma organização mazziniana secreta. Seus veteranos, que observavam a conduta dos candidatos durante algum tempo, a fim de aceitar ou não a admissão, informaram, muito justamente, aliás, que Malatesta tinha um espírito independente, propício à desobediência, pouco disposto a submeter-se à rigorosa disciplina moral e intelectual que impunha Mazzini a seus homens de confiança. Como consequência de tudo isto, rechaçou-se a candidatura do jovem Malatesta.

Sobreveio a Comuna de Paris, de março a maio de 1871. Aquele acontecimento deu esperanças a Malatesta, sendo iniciado pelo advogado Carmelo Palladino, homem generoso, e situado no ambiente do grupo de Bakunin, no ambiente da Internacional, com suas lutas entre autoritários e antiautoritários — luta que precisamente àquela época acirrava-se naquela organização. Ingressou na seção de Nápoles quando tinha 17 anos e alguns meses, contribuindo para a preponderância que teve, em 1871, a seção fundada em 1869.

A Comuna foi afogada em sangue do povo: Bakunin lutava

INTRODUÇÃO

na Itália contra Mazzini, o inimigo da Comuna; batia-se contra Marx e Engels em Londres, indutores de Cafiero, que obedecia então à sua influência para arruinar e paralisar a obra de Bakunin (fato que corresponde à viagem de Lafargue à Espanha pouco depois). As perseguições da autoridade e a dissolução da seção em agosto imprimiram uma vida agitada à seção de Nápoles de 1871. Malatesta foi um dos membros mais ativos. Congregou estudantes e trabalhadores na seção e soube abrir os olhos de Cafiero, que se tornou seu amigo. É sabido que Cafiero, depois de visitar Bakunin em Locarno, em 1872, entregou-se por completo à causa anarquista. Enredaram também Malatesta na perseguição contra os militantes da seção, e quando esta se reconstituiu mais ou menos ilegalmente com o nome de Federação Operária Napolitana no inverno de 1871 e 1872, Malatesta atuou como secretário federal e redigiu o programa, no qual se incluem habilmente os princípios da Internacional de 1864 e as ideias anarquistas de Bakunin. É o primeiro trabalho sobre ideias que se conserva de Malatesta. Sua atividade em favor da Federação da zona de Nápoles continuou em 1872. Não tomou parte na Conferência constituinte da Federação Italiana — que se reuniu em Rímini em agosto e rompeu com o Conselho Geral de Londres —, mas foi nomeado secretário da seção de estatística, que tinha um objetivo mais importante do que indica seu modesto nome.

Em setembro foi a Zurique e entrou em contato com Bakunin e outros delegados italianos de convicções autoritárias. Ali, encontrou delegados espanhóis que regressavam do Congresso de Haia: Farga, Pellicer, Alerini, Morago e Marselau. Por meio de diversas reuniões com Bakunin, ambos constituíram a Aliança dos Revolucionários Socialistas, grupo internacional secreto. Depois de 1871, Malatesta lia normalmente as publicações da Internacional espanhola, como *La Federación* de Barcelona entre outras.

Por certo vi exemplares dirigidos a Malatesta em uma coleção de Roma em 1903. Malatesta conheceu em Zurique militantes notáveis. Com eles, Bakunin e outros camaradas assistiu ao Congresso antiautoritário de Saint-Imier (Jura), que atacou profundamente a facção marxista da Internacional. Porém, não conseguia viver uma vida de imigrante e voltou a Nápoles para continuar suas campanhas de propaganda.

Ao dirigir-se a Bolonha para assistir ao congresso italiano foi detido, permanecendo 54 dias na cadeia. Foi depois a Locarno, viu Bakunin, a quem indicou a ideia de mudar-se para Barcelona em vista dos acontecimentos esperados e que, de fato, sucederam pouco depois: em junho, em Sanlúcar de Barrameda, onde estava Morago; em Alcoy, onde estava a Comissão Federal; em Barcelona, com intervenção de J. García Viñas, Paul Brousse e outros. Uma viagem de Bakunin e Malatesta a Barcelona tinha de ser obrigatoriamente secreta e exigia preparação e meios cuidadosos. Para Malatesta entrar em acordo com Cafiero, dirigiu-se rapidamente a Barletta (Apulia), mas foi detido, saindo da prisão após seis meses, sem processo.

A Internacional foi perseguida na Itália, em 1873, por procedimentos arbitrários, o que produziu mais de uma insurreição de caráter geral em 1874 [no ano seguinte]. Não se tratava de uma insurreição isolada; tratava-se de incorporar os garibaldinos que ainda atuavam e os mazzinistas avançados, supondo-se que se poderia chegar a uma subversão como consequência das revoltas locais de origem social — tais como escassez de alimentos, greves, descontentamento dos camponeses etc. Malatesta inteirou-se do plano ao sair da prisão e empreendeu o trabalho por todo o sul, de Nápoles à Sicília. Se houve quem cometeu erros, Malatesta fez tudo o que pôde emprestando armamentos e preparando a ação. Tampouco ali acudiram todos ao evento, e o que se fez em Apulia do dia 10 ao 14 ou 15 de agosto de 1874, em torno do Castel del Monte, teve proporções escassas. Tratava-se de um desafio ao Estado e ao sistema atual, ataque que não pôde ser esquecido. Malatesta, vendo que todos estavam detidos, dirigiu-se a Locarno, sendo preso antes de chegar, em Pistoia. Seguiu-se um enorme processo contra ele e outros

INTRODUÇÃO

companheiros em Trani (Apulia), em agosto de 1875. A atitude | 15
dos processados mereceu a simpatia de todos, sendo absolvidos
e aclamados como heróis vitoriosos. Malatesta mudou-se para
Lugano, onde viu Bakunin pela última vez, e discutiu com Cafiero em Locarno a reorganização do movimento. Não demorou
em fazer sua primeira viagem à Espanha, visitando Morago em
Madri e Alerini na prisão em Cádiz. Queria favorecer a fuga
deste, o qual se negou a evadir-se, acreditando estar próxima a
liberdade legal.

Malatesta passou o inverno de 1875 e 1876 fazendo propaganda ativa em Nápoles. Foi então que Merlino (1856–1930),
seu companheiro de liceu, juntou-se ao movimento, atraído
ao campo das ideias sem intervenção de Malatesta, quando
trabalhava como advogado no escritório de Gambuzzi, o ex-
-companheiro de Bakunin. Uma reunião em Roma (março de
1876) preparava a organização da Internacional. Um dos que
participou foi Malatesta, que se viu obrigado a voltar a Nápoles. Quis então combater defendendo os sérvios na guerra
contra a Turquia, mas foi detido duas vezes, na Áustria e na
Hungria, e deportado pela polícia para a Itália. Teve tanto
interesse pela causa das nacionalidades oprimidas que foi obrigado a preocupar-se com aquele prelúdio da grande Guerra
russo-turca, como se fosse uma questão de honra. Em 1874,
em Apulia, não chegou a combater na realidade, e sentia uma
espécie de rivalidade vendo que os republicanos garibaldinos
lutavam como voluntários. Os internacionalistas desejavam
demonstrar igual espírito militar combativo.

Ao regressar à Itália ficou em contato com os companheiros
de Florença, e passou algum tempo em Nápoles com Cafiero e
Covelli. Concordaram com a teoria para passar do coletivismo
ao comunismo anarquista, determinação à qual foram os primeiros a chegar Itália, discutindo e tratando de reorganizar
bem a Internacional no congresso de outubro em Florença para
empregar toda a força em um movimento revolucionário de

caráter geral, social e anarquista — desta vez sem a participação dos republicanos.

Contavam com o descontentamento social do povo urbano e camponês, e resolveram começar com as montanhas do sul napolitano, para que a revolução pudesse ter algum resultado antes de ser combatida. Durante este tempo, supunha-se que os operários do campo e da cidade se uniriam contra as forças governamentais antes que pudessem dominar. A traição de um camponês que tinha influência numa localidade, e a quem haviam utilizado parcialmente, comprometeu os conjurados, que se viram obrigados a antecipar o movimento, começando em abril em vez de maio. Fazia frio; nas montanhas de Nápoles havia neve, e os revolucionários foram abatidos pela friagem e pelas privações. Cercados pelo exército, 23 deles, entre os quais estavam Cafiero e Malatesta, tiveram de se render. Era a noite de 11 para 12 de abril em uma fazenda isolada, cujo proprietário traiu-os, delatando-os aos soldados. Malatesta esteve preso por muito tempo e, à morte do rei, grande parte dos supostos delitos foram anistiados, e os restantes julgados e absolvidos em Benevento em agosto de 1878. A população impressionou-se extraordinariamente, observando a dignidade e integridade dos prisioneiros.

Com frequência criticou-se os anarquistas pelo fato de que os atos insurrecionais que consumam em nome da anarquia são pouco reflexivos, simplistas. Em 1877, como em 1874, a ação foi um tanto fragmentária, uma parte incompleta do plano total, um fato que por interesse da defesa não poderia se tornar público.

Malatesta falou-me posteriormente do assunto, explicando-me o verdadeiro caráter daqueles movimentos. Há que se ter em conta que, como nos anos 1860 e 1870, na década seguinte para muitos elementos da Itália, o Estado era frágil, e havia muita esperança na possibilidade de mudanças políticas.

Malatesta foi maltratado na Itália, no Egito, na Síria, na França, na Suíça, na Romênia e na Bélgica, em toda a Europa

INTRODUÇÃO

em 1878, 1879 e 1880, até encontrar um exílio seguro em Londres na primavera de 1881. Foi a Genebra quando se fundou *La Révolte*; esteve em Paris quando surgiram os primeiros grupos anarquistas; na Bélgica quando o blanquismo revolucionário tinha influência. Chegou a Londres quando se preparava o Congresso Internacional Socialista em 1881. O fato é que na Itália a mesma Internacional foi reduzida ao silêncio, perseguida com grandes processos e enfraquecida pela deserção de Andréa Costa — que a partir de 1879 entregou-se ao socialismo de aspirações parlamentaristas e levou com seu antigo prestígio os internacionalistas da Romanha. Malatesta, para falar só dele, foi impotente para conter o mal, encontrando-se sozinho e distante. Não obteve apoio em nenhum lugar, à exceção de Londres. Era precisamente lá onde não poderia influir sobre o povo italiano contra o parlamentarismo. O Estado italiano consolidou-se como os outros Estados aos quais o estatismo dava atribuições sociais e grande preponderância, que desembocou na guerra universal, no funesto período de 1880 a 1930, aproximadamente. Ainda perduram as formas estranhas e únicas das quais se valeu o estatismo. Ninguém protestou como Malatesta contra o desviacionismo, mas não pôde contê-lo e interrompeu sua atuação arrojada.

Em Genebra, no início de 1879 até sua expulsão da Suíça poucos meses depois, conheceu Kropotkin e ambos viam-se com frequência em Londres em 1881 entre 1882. Deve-se salientar o fato de que o grupo limitado, íntimo, formado por Bakunin desde 1864 e reconstruído em Zurique em 1872 — a Fraternidade Internacional —, voltou a reconstituir-se no verão de 1877, elegendo Kropotkin como secretário. Malatesta e Cafiero estavam presos, sem deixar, porém, de figurar como membros daquele grupo. Kropotkin e Malatesta foram os mais ativos propagandistas daquele círculo reduzido, tendo confiança ilimitada um no outro — confiança que não foi uma homogeneidade de ideias e táticas, apesar de ambos serem comunistas-anarquistas convictos.

Em um ensaio de Malatesta sobre Kropotkin, publicado no final de 1930 e em 1931 por *La Revista Blanca*, explicou discretamente, embora não sem firmeza, a diferença que o separava de Kropotkin, fazendo constar que não concordavam na maior parte dos assuntos. Podem-se comprovar as divergências lendo os escritos antigos e recentes dos dois revolucionários. Unidos por uma amizade indestrutível, cada um deles considerava a atividade do outro de grande importância geral, abstendo-se mutuamente de diminuir a eficiência com a crítica — já que essa levada às últimas consequências produziria a separação, a ruptura. Concordaram tacitamente em cada seguir o seu caminho e, no decorrer do tempo, por essas e por outras razões, deixaram de se ver com frequência. Malatesta explica que a posição crítica não podia continuar quando se instaurou a guerra mundial, discutindo com Kropotkin e gerando uma cena penosa para ambos, porque foi um rompimento.

Sabemos o que há no fundo de tudo isto. Malatesta não carecia de fé revolucionária, e a manteve até a última hora, mas acreditava que o otimismo e certa expectativa de Kropotkin necessitavam de base realista. A espontaneidade criadora, a abundância, a cooperação harmoniosa quase automática podem ser produzidas por uma evolução em condições favoráveis, mas não são, em absoluto, dados presentes, atuais, palpáveis e sólidos com os quais se possa contar hoje e amanhã, no dia seguinte de eclodir a revolução e antes dela para que seja eficaz. Malatesta procurava fundamentos mais reais e muito mais acessíveis e abundantes no mundo do qual há de sair toda a evolução. Daí a simpatia de Malatesta pela organização, a relação mútua, os pactos, a previsão que se explica pela ausência concreta de abundância — a qual ainda não é um fato, embora os armazéns estejam lotados.

Malatesta pensava em todas essas coisas e se prevenia contra a volubilidade dos amorfos, dos antiorganizadores, dos crentes na abundância absoluta e na felicidade automática etc. Malatesta foi um estorvo, o alvo predileto dos ataques — odiosos

INTRODUÇÃO

muitas vezes — dos fanáticos por um oásis anarquista. Vê-se que Kropotkin julgava muitas coisas de maneira distinta, e o conhece pouco quem o julga por *A conquista do pão*. A distância que o separa de Malatesta não se encurta apesar de tudo. No fundo, as ideias de todo pensador anarquista emanam da ausência íntima do próprio ser, que expressa os desejos limitados pelo próprio caráter. No fundo, Malatesta e Kropotkin são muito diferentes.

Merlino, nem tão unido pelos laços indicados anteriormente, iniciou uma crítica das ideias de Kropotkin em certo artigo de revista que se publicou em novembro de 1893. No mês seguinte, Kropotkin começou a escrever um artigo que numerou como o primeiro de uma série, talvez o prólogo de um livro sobre tais críticas. Em janeiro, Merlino foi preso na Itália e semanas depois foi suspensa *La Révolte*. A série de artigos não foi escrita, ou, se foi, não foi publicada.

De 1879 a 1887, Malatesta colocou-se à frente da tendência amorfa, partidária da espontaneidade, que torna impossível todo acordo para a ação revolucionária; também foi contra a tendência de Costa, que representava a deserção, a escapatória rumo ao parlamentarismo. Buscava uma cooperação para destruir o Estado e o capitalismo com os revolucionários autoritários, planejando separar-se deles quando o regime atual fosse derrubado, e ainda atacá-los caso impedissem as realizações peculiares dos anarquistas. Blanqui e os blanquistas pareciam constituir então uma tendência séria, mas Blanqui morreu e seus companheiros perderam sua coragem — coragem que nunca havia sido colocada à prova. Malatesta expôs aquela ideia no Boletim do Conselho de Londres e, com mais franqueza, na circular dirigida aos íntimos da Fraternidade — carta que me enviou em 1930 e que eu preparava para o suplemento de *La Protesta*, interrompido à época. Se existiu o blanquismo revolucionário, ele morreu com Blanqui em finais de 1880.

Malatesta lutou para dar coesão efetiva à Internacional que se queria fundar. Os não partidários da organização só admitem um organismo sem outros órgãos além de um *bureau* que fosse ao mesmo tempo a central ou a caixa de correio para ir depositando cartas. As seções acabariam por não fazer nada, para que ninguém oprimisse nem dominasse o outro. Um alemão e um russo constituíam o *bureau* com Malatesta. Não havia incumbência; nada havia para se fazer e nada se fez, extinguindo-se suavemente pouco depois o *bureau*. Para Malatesta desligar-se daquela inatividade forçada, foi ao Egito em janeiro de 1882 com alguns companheiros italianos desejosos de lutar nas fileiras árabes, na época em insurreição contra os ingleses e outros exploradores europeus no Egito. Foi no tempo da insurreição de Arabi Pashá, que tinha certo cunho social. Foi-lhes impossível atravessar as linhas inglesas e, alguns meses depois, em princípios de 1883, mudou-se para a Itália com o objetivo de lutar abertamente contra a virada de casaca de Andréa Costa e reorganizar a Internacional italiana.

Foi detido e encarcerado até os últimos meses de 1883. Respondeu a um grande processo com Merlino e outros companheiros. A acusação referia-se ao Conselho e à nova Internacional de Londres, tal como fora feito em Lyon para condenar a muitos anos de prisão Kropotkin e tantos outros. Em liberdade provisória antes do julgamento, pôde fazer com que surgisse o jornal *Il popolo* e *La Questione Sociale* em Florença, de 22 de dezembro de 1883 a 3 de agosto de 1884. Apesar de ser condenado a três anos de reclusão — e Merlino a quatro —, apelou e, enquanto se resolvia a apelação, pôde ficar em liberdade até a decisão inapelável do tribunal, em janeiro de 1885, que confirmava os três anos. Pode-se dizer que às vésperas de ser condenado tinha certa liberdade para renovar seus *crimes* de excitação e organização clandestina. De qualquer forma, conseguiu fazer o melhor jornal que tiveram os anarquistas na Itália. *Entre camponeses* (*Fra contadini*) foi escrito para combater os desvios autoritários e reformistas, e constituir grupos numerosos que tiveram desde então relações mais estreitas, embora seu projeto de Internacional — explicado no *Programma ed organizazi-*

INTRODUÇÃO

one della Associazone Internazionale dei Lavoratori (Florença, 1884). — não fosse realizado.

A epidemia de cólera interrompeu todos os esforços na segunda metade de 1884, e Malatesta acudiu a Nápoles, onde a situação era crítica, para atender os enfermos no hospital. Ao regressar a Florença, diante da condenação iminente, preferiu homiziar-se e saiu outra vez.

No final de 1884 desapareceu então de Florença, e de Londres saiu com alguns companheiros militantes em direção a Buenos Aires. Fora da Itália, expulso de tantos países continentais, não sendo possível a atuação eficaz desde Londres, decidiu ausentar-se da Europa. Na Argentina desenvolveu uma grande atividade de propagandista unindo os companheiros de língua italiana e espanhola, fundando uma nova publicação, *Questione Sociale* (que eu nunca pude ver), ajudando a formação dos primeiros sindicatos, de caráter muito combativo, como a organização dos padeiros etc.

Pelo despertar dos elementos vitais, numerosos embora dispersos, a propaganda intensiva e coordenada data, na Argentina, da atuação de Malatesta de 1885 a 1889. A ação das massas operárias da Europa, que o ano de 1889 anunciava e o seguinte confirmava, fez-lhe escolher este período para entregar-se novamente à luta. Deve ter chegado à França em meados de julho, ou no mais tardar em agosto, de 1889.

Termino a evocação de Malatesta na sua primeira juventude, até os 35 anos, na plenitude do vigor. Posso testemunhá-lo, já que o conheci em Londres meses depois, em novembro de 1889. Apesar de que de mim só podia esperar que o tempo o absorvesse, foi, desde que nos conhecemos até a sua morte, o companheiro mais amável, em toda a nossa relação. As últimas palavras que me dirigiu foram as contidas na carta supracitada, que data de 31 de maio de 1932. Como sabia que me encontrava então em Barcelona, as últimas palavras da carta diziam: "Minhas melhores lembranças a Urales, a Soledad e a Federica". Satisfazia-nos imensamente que dissesse: "Estou um pouco melhor a cada dia que passa" e, de repente, chega a notícia irrevogável de sua morte.

A vida de Malatesta de 1889 a 1932 oferece outro novo panorama de pensamento e atividade, que será o assunto tratado a seguir.

DE 1889 A 1896

O anarquismo — ao retorno de Malatesta à Europa, no verão de 1889, após um ausência de quatro anos e meio — parecia debilitado, e o socialismo, parlamentarista. As massas populares agitavam-se por si mesmas, fazendo diretamente reivindicações contundentes. De pequenas causas derivaram-se então efeitos relevantes: greve violenta em Decazeville (França); greve de proporções enormes, de mineradores e vidraceiros belgas; manifestações de paralisações forçadas em West End de Londres; Primeiro de Maio; greve e explosivos em 4 de maio em Chicago... Tudo isto em 1886. A batalha pela jornada de oito horas, as manifestações de operários de braços cruzados, a greve geral, as lutas agrárias na Itália e o Primeiro de Maio de 1890 foram sinais óbvios de agitação.

A social-democracia chegara a sonhar com uma preponderância marxista, reformista e eleitoral antecedente para conquistar o poder. Acabou-se a esperança pela afluência de jovens independentes na Alemanha e na Holanda. Enfrentou-se o guesdismo francês com o germanismo relativamente antiparlamentar. Os políticos socialistas viram de perto a oposição que lhes faziam os sindicatos e a luta econômica por eles representada. A derrota momentânea do princípio de ditadura e nacionalismo, personificada então pelo general Boulanger na França, o brio libertário da época, quando a arte e a juventude inspiravam o sentimento social, inclusive a memória de 1789 evocada em 1889, integravam um conjunto de possibilidades ativistas, e Malatesta reavivou sua obra em um momento propício.

Acho muito útil reproduzir aqui parcialmente seu famoso

INTRODUÇÃO

apelo ("Appello", 4 páginas in-4°) e, em texto espanhol, a "Circular" (2 páginas in-4°), escrito em Nice em setembro de 1889. Além do "Programma" do seu jornal *L'Associazione* (3 de novembro), que foi aparecendo desde 10 de outubro em Nice e continuou em Londres até 23 de janeiro de 1890 (números 4 ao 7). Antonio Pellicer Paraire, ao que tudo indica, diz no *El Productor* de Barcelona de 2 de outubro de 1889:

Bonito, enérgico, profundo é o documento transcrito. "A seguir aponta para" a necessidade de abandonar exclusivismos e paixões exageradas, sem razão de ser, para entrar plenamente na organização e positiva inteligência de todos os elementos verdadeiramente revolucionários.

Eis aqui como se descreve o estado da mentalidade de alguns anarquistas:

Desacreditado, abominado e perseguido todo sintoma autoritário, toda imposição nas antigas organizações anárquicas, com um exaltado temor a cair em extravios autoritários, chegara-se ao cúmulo de condenar como contraditória toda inteligência, toda organização, toda fórmula.

Os companheiro espanhol acredita que os princípios do "Appello" de Nice e os da organização anarquista na Espanha, posterior à Conferência de Valência (setembro de 1888), parecem-se fundamentalmente, a duas gotas d'água: "a mesma inspiração, a mesma necessidade sentida, a mesma obra".

Para Malatesta, o objetivo imediato era a formação de um partido socialista-anárquico revolucionário. Cria ser útil e possível uma Internacional libertária-revolucionária, unindo os elementos anarquistas revolucionários de todas as tendências. Segundo o ponto de vista de Malatesta, uma Internacional semelhante teria representado a relação constante entre todos os libertários, dispersos em grupos isolados ou individualidades, que não se conheciam além da fronteira do país e, frequentemente, nem em seu interior. A ideia de Malatesta não excluía as organizações locais que reunissem elementos socialistas e revolucionários de uma região, tampouco deixava de lado a organização sindical de comarcas ou territórios regionais, nem qualquer concentração com um objetivo especial. Mas não se podia reagir contra os princípios declarados obrigatórios enquanto dogmas absolutos, considerando-se uma ruína, uma perdição e uma escravidão o fato de que os anarquistas prescindissem de sua autonomia para conviver com outros anarquistas organizando-se devidamente. Merlino já havia se pronunciado contra o veto ao esforço de coordenação entre os elementos anarquistas, sendo insultado teórica e praticamente por isso. Algo parecido aconteceu com Malatesta; os inimigos do esforço orgânico consideraram sempre que fazer triunfar seu ponto de vista equivalia a inutilizar o inimigo.

No "Appello" estavam expressos os seguintes conceitos, que para muitos companheiros da época eram verdadeiras heresias:

Expropriação forçada da riqueza e do poder da burguesia e do Estado [...] Posse comum de uma e outro (riqueza, poder), mediante a associação e organização livres, com livres pactos para a vida social [...] Fora desses extremos, não teremos razão para dividir-nos em pequenas escolas com o furor de determinar excessivamente as particularidades, variáveis de acordo com o lugar e o tempo, da futura sociedade, da qual estamos longe de prever todas as engrenagens e possíveis combinações. Não haverá motivo, por exemplo, para dividir-nos por questões como as seguintes: se a produção alcança sua maior ou menor escala; se a agricultura caminhará em todos os lugares com a indústria; se, por excesso, e a grandes distâncias, os produtos poderão ser trocados sob a premissa da reciprocidade; se todas as coisas serão aproveitadas em comum ou segundo regra; se o uso de algumas delas será mais ou menos particular. Em suma, os modos e particularidades das associações dos pactos, da organização do trabalho e da vida social, nem serão uniformes, nem podem ser desde hoje previstos ou determinados.

Não se podem prever, senão muito vagamente, as transformações das indústrias, dos costumes, os mecanismos de produção, o aspecto físico das cidades e dos campos, as necessidades, as ocupações, os sentimentos do homem e as relações e vínculos sociais. Pelo menos não é lícito cindir-nos por puras hipóteses. A questão entre o coletivismo e o comunismo anárquicos é também de modalidade e de pacto.

INTRODUÇÃO

Copio somente algumas linhas do "Programma" de | 25
L'Associazione:

Somos decididamente comunistas (anarquistas)... Mas, em tudo isso,
cabe distinguir o que foi cientificamente demonstrado e o que se encontra ainda em estado de hipótese ou previsão; é preciso separar o
que deve ser feito revolucionariamente, em seguida e mediante a força
(refere-se à expropriação e liquidação do Estado), daquilo que será
consequência da futura evolução e que deve se deixar à vontade de
todos, espontânea e gradualmente harmonizada.

Existem anarquistas que preveem e preconizam outras soluções,
outras formas futuras de organização social; no entanto, eles querem,
como nós, destruir o poder político e a propriedade individual; querem,
como nós, que a organização das funções sociais faça-se espontaneamente, sem delegação de poder e sem governo; como nós, querem
combater a todo custo e sem tréguas até a completa vitória; eles são
nossos irmãos e companheiros. Afasto, portanto, todo o exclusivismo
de escola; entendamo-nos bem sobre os caminhos e sobre os meios, e
avante.

Com tal espírito, *L'Associazione* propôs a criação de um
partido internacional socialista-anarquista revolucionário com
programa geral, o qual "sem prejudicar as ideias de cada um
e sem obstruir o caminho às novas que possam surgir, reúna
nós todos sob uma só bandeira dando unidade de ação à nossa
conduta hoje, e durante a revolução". Coloca-se em discussão
aberta a fórmula programática, e Malatesta resume sua opinião.

O que ele tentava criar não existia àquela época; existia, ao
contrário, aquilo que ele combatia, ou seja, o exclusivismo e
o dogmatismo. Nota-se Malatesta afastar com aborrecimento
muitas hipóteses convertidas em dogmas. Havia então camaradas que consideravam fórmulas definitivas as ideias particulares
de Kropotkin em *La Révolte* e também as teorias dos antiorganizadores, ultraindividualistas etc., formadas à esquerda de
Kropotkin. Destacou-se no movimento italiano o grupo dos
"intransigentes" de Paris, que se especializou na luta contra os
"organizadores", os "moralistas" etc., da anarquia.

Na Itália e na Espanha (por *El Productor*, no último país, e por *La Revolución Social* em Barcelona — publicação de Fortunato Serantoni) pôde-se comprovar mais extensamente o efeito das proposições de Malatesta, embora *La Révolte* tenha traduzido grande parte do "Appello" (12 de outubro). Na época, as ideias de Kropotkin fascinavam, considerando-se que eram as últimas palavras da anarquia. Vivia-se tranquilamente sem organização, sem relações além da obrigatória no grupo, ou entre grupos vizinhos, no máximo. Não se observou que o projeto de Nice, por causa da expulsão de Malatesta da França — que datava de 1879 —, foi publicado sem seu nome.

Para maior infelicidade ainda, quando Malatesta teve que sair de Nice para se refugiar na Inglaterra, recém-instalada a imprensa em Fulliman (Londres), um dos membros do grupo editor fugiu com a soma da qual se dispunha; era de certa importância e provinha da Argentina. Errico teve que abandonar tudo, limitando-se a editar os cinco folhetos seguintes nos anos de 1890 e 1891: *La politica parlamentare nel movimento socialista*, *En tempo di elezione*, *L'Anarchia* e uma nova edição de *Fra contadini* (1884). Essas quatro obras eram de Malatesta; a quinta era de outro autor e se intitulava *Un anarchico ed un republicano*.

Em 1892 começou outra série com a rubrica genérica *Propaganda socialista-anarquista revolucionária*. O título *Organisation et tactique* de Malatesta deveria aparecer na coleção, mas não se publicou mais que o primeiro folheto: *Nécessité et bases d'une entente*, por Merlino. (Bruxelas, maio de 1892, 32 páginas in-16°). Essa obra teve grande repercussão.

Dominados pelo desejo frenético de salvar a autonomia absoluta, ou pelo hábito da inércia que parece ditar o fácil — é muito mais acessível a abulia do que a ação, e mais viável organizar-se do que permanecer sem organização —, os anarquistas receberam friamente o projeto de Malatesta, exceto *El Productor*. Malatesta teve que conter ou reduzir sua atividade e

INTRODUÇÃO

pensou na Itália. Como estava condenado e foragido, o plano | 27
não tinha perspectivas.

Por sua correspondência incessante — as viagens clandestinas são provavelmente mais frequentes do que se crê, mas só vou me referir às comprovadas —, sabe-se que no final de abril de 1890 tratou de muitos refugiados italianos, militantes revolucionários. Malatesta queria observar o movimento do Primeiro de Maio em Paris (1890), e participar dele se tivesse caráter revolucionário.

As impressões do Primeiro de Maio em Paris foram deprimentes. Malatesta analisou sua relevância em *La Révolte* na época. Não só era um caso de insignificância e de antirevolucionarismo nos partidos socialistas, como os anarquistas tinham suas forças dissociadas pelo temor de que qualquer cooperação fosse autoritária, limitando-se a ambição de alguns a dar empurrões para dominarem com o amparo dos outros. Malatesta queria uma insurreição popular, queria apoderar-se de um bairro extenso de Paris, as alturas de Belleville, por exemplo, construir barricadas e se defender como uma comuna social em insurreição aberta. Ninguém o acompanhou nessa ideia.

Entre os militantes italianos em Paris, o projeto de Malatesta de coordenar as forças anarquistas e alguns elementos do socialismo revolucionário não foi desprezado por todos, embora a inimizade de morte que lhe dedicou Paolo Schicchi seja deste período. Um novo núcleo de militantes formou-se sobre uma base diferente da preconizada por Malatesta. Viu, por assim dizer, a formação do Estado unitário italiano de 1859 a 1870, e tal Estado era para ele recente, de constituição transitória, destinado a cambalear, ou pelo menos mortificar-se essencialmente, o que parecia contradizer a imobilidade daquele Estado de setembro de 1870 a novembro de 1922, mas que se confirmou à época pelo pulso firme do fascismo tomando violentamente o poder. Pulso firme que ainda continua, fenômeno único entre os países de grande extensão, e que prova, a meu ver, que Malatesta tinha uma visão clara, e que a ação coletiva revolucionária teria sido mais fácil e possível na Itália desde 1870 do que em qualquer outro país europeu, com exceção da Espanha e da Rússia, se os partidos avançados tivessem-na proposto.

Para limitar essas considerações a anarquistas e socialistas, os homens de 1880 a 1890 que ficaram no país estavam acostumados a contemplar diante deles o Estado como poder forte e definitivo. O capital era para eles outro poder em progressão. Não estavam convencidos, como estava Malatesta, da mobilidade, vida precária e fragilidade íntima do Estado e do capital. Consideravam, portanto, os projetos de Malatesta retrógrados e utópicos e não os sustentavam com plena convicção. Os fracassos produzidos pelos críticos e descrentes serviam de argumento para ir contra o que chamavam de fantasias e quimeras de Malatesta.

Assim foi a tragédia íntima de seus esforços, demonstrados no congresso italiano de Capolago em janeiro de 1891 (anarquistas e socialistas revolucionários, os de Romanha e, sobretudo, Amilcare Cipriani) e também nos preparativos e planos para o Primeiro de Maio de 1891 em toda a Itália. Depois do ato da praça pública em Roma naquele Primeiro de Maio, com assalto e conseguinte perseguição policial, houve processo e sentenças condenatórias. Basta dizer que os desejos de Malatesta não se realizaram talvez por que os socialistas revolucionários — vacilantes no vaivém eleitoral que durou dez anos para salvar Cipriani do presídio, interessados nas eleições de políticos ambiciosos, como o ex-anarquista Andrea Costa, fartos de profissões de fé revolucionária social — estavam muito mais degenerados do que Malatesta imaginara. Talvez contribuísse também a falta de confiança dos anarquistas em uma ação coletiva e nos preparativos e organizações para se chegar a ela.

Malatesta fez uma viagem clandestina à Itália, antes e depois daquele Primeiro de Maio de 1891 — entre abril e os primeiros dias de junho —, e se deu conta diretamente, por uma pesquisa pessoal, íntima, de que o setor popular do republicanismo estava disposto a apoiar um movimento revolucionário,

INTRODUÇÃO

mas que este contava com a hostilidade dos chefes porque, se tivesse sucesso, não demoraria em afastá-los. O mesmo pensavam os dirigentes socialistas da Itália. Malatesta, como Bakunin em outra ocasião, poderia ter se amotinado com as massas descontentes se os chefes republicanos e socialistas não tivessem acreditado que a liderança livrava-os de entregar-se à insurreição. Os anarquistas continuavam aferrados às suas convicções, negando tudo o que fosse organização, e acreditavam sujar suas mãos procurando-a. Malatesta, encontrando-se isolado, tentava fazer o mesmo que Bakunin entre 1864 e 1874, e passou a vida vendo as massas enganadas pelas promessas dos líderes; por outro lado, os anarquistas perdiam-se em atos individuais heroicos, porém de importância limitada, esperando tudo da espontaneidade, dos instintos desencadeados, das mudanças bruscas e automáticas rumo à liberdade que ainda não brilha.

Não bastava abandonar Malatesta, era preciso derrubar o lutador. Em 1899, nos Estados Unidos, um companheiro dissidente disparou-lhe um tiro em plena reunião, ferindo-o em um dos pés, acho eu. Em viagem secreta pela Itália, pretendia encontrar uns companheiros em Lugano (Suíça) e foi detido em 12 de junho de 1891. Depois de condenado, e da Suíça negar-se a entregá-lo — pois a Itália pedia a extradição —, não pôde ir a Londres até o mês de setembro. Por aquele tempo surgiu *Pensiero e Dinamita* do jovem Schicchi (de 15 julho a 25 de agosto de 1891) em Genebra. Schicchi empreendeu uma luta feroz contra as ideias e a *persona* de Malatesta, que continuou e se intensificou depois em *El porvenir anarquista* (em espanhol, italiano e francês, Barcelona, 15 de novembro e 20 de dezembro de 1891, edição do mesmo companheiro e seus amigos), que apareceu precisamente quando Malatesta dava uma série de conferências pela Espanha, apesar de Schicchi encontrar-se preso ou internado na Itália. Publicou *Pensiero e Dinamita* quando Malatesta estava encarcerado em Lugano e o Conselho Federal da Suíça tinha conhecimento da solicitação italiana da extradição. Os camaradas suíços, amigos de Malatesta, nosso companheiro Jacques Gross em particular, fizeram o possível para influenciar a opinião suíça em favor de Malatesta, coisa que conseguiram.

Em setembro de 1891 não achou oportuno reiniciar a propaganda na Itália estando em Londres, e concentrou seu otimismo — depois do fracasso de Paris e Roma — nos magníficos movimentos catalães do Primeiro de Maio (1890, 1891). Chegou a Barcelona em novembro de 1891. Depois de dar muitas conferências ali, em Llano e em outras cidades da Catalunha, quase sempre em companhia de Pedro Esteve, empreendeu com ele uma campanha em dezembro, janeiro e fevereiro, passando por Réus, Zaragoza, Logroño, Sestao, Ortuella, Santander, Valladolid e chegando a Madri, onde foi surpreendido pela notícia da insurreição camponesa de Jerez (noite de 8 a 9 de fevereiro de 1892).

Nas conferências, Esteve expressava-se em linguagem coletivista e Malatesta comunista. Certa vez falou Tarrida del Mármol com eles como um anarquista fala, claro, categórico, sem adjetivos. Vicente García acompanhou-os na turnê de propaganda pelo norte e falou como anarquista-comunista. A exposição doutrinal de Malatesta não se referia ao comunismo como se já tivesse triunfado; assim o fizeram os primeiros grupos comunistas espanhóis. Tampouco se dirigiam os propagandistas ao comunismo extravagante (expressão de Mella) difundido pelos primeiros grupos, nem imitaram os modelos franceses; muito menos o comunismo de Kropotkin, que não foi o de Malatesta, mas deve ter nutrido o espírito de *Fra contadini*, do *Appello*, dos artigos e críticas de Malatesta de 1889 a 1891 e do comunismo libertário. A propaganda foi bem recebida por todos, e desde então os coletivistas foram se aproximando de Malatesta. Gradualmente, tacitamente, insensivelmente, acabaram por confundir-se com ele, que não propagava exclusivismos nem extravagâncias.

Aquela excursão de propaganda respondeu, sem sombra de dúvidas, ao propósito de unir os anarquistas para uma atividade

INTRODUÇÃO

de caráter geral a partir do Primeiro de Maio de 1892. Os movimentos de 1890 e 1891 reduziram-se à Catalunha. No itinerário dos propagandistas figuravam muitos outros nomes: Salamanca, Córdoba, Granada, Málaga, Cádiz, Cartagena, Alicante, Alcoy e Valência. Em consequência dos fatos de Jerez tiveram que renunciar à continuação da campanha. Malatesta teve que se salvar embarcando em Lisboa para Londres, não sem atravessar o território andaluz por Córdoba, Sevilha e Cádiz. Na última cidade visitou Salvochea, que estava preso. O Primeiro de Maio de 1892 transcorreu na Espanha sob a impressão das execuções de Jerez e não teve a envergadura que se quis lhe atribuir. A imigração de Pedro Esteve, que embarcou para os Estados Unidos em julho de 1892, foi consequência daqueles acontecimentos.

Àquela época, Malatesta teve que resistir à inimizade de quase todas as tendências anarquistas. Em torno daquele ano de 1892, raiava o exclusivismo sindical autossuficiente, a teoria da greve geral, com a qual, ao que tudo indica, pretendia-se substituir a revolução social, fazendo-a inoperante, supérflua. Pude assistir em Londres às discussões em que Malatesta rebelava-se contra aquela teoria da greve geral. Para ele, se a greve geral não é a revolução social, ela representa um conflito tão passageiro quanto todos os outros. Também não estava de acordo com a expropriação individual como panaceia, e aqui se pode ver sua opinião sobre os atos de todo gênero considerado revolucionário: "Un peu de théorie" em *L'en dehors* (Paris, 21 de agosto de 1892). A propósito, publicou-se uma réplica de Émile Henry, quem pagou com a vida por suas convicções. Merlino pediu a ruptura com os elementos que pregavam o individualismo egoísta e não reconheciam antes de mais nada o sentimento social ("Nécessité et bases d'une entente", maio de 1892). Malatesta, sem se identificar com esta publicação, considerava a convivência impossível. *La Révolte* de Paris publicou sem réplica a carta de um correspondente de Londres, o qual teve um péssimo fim, assegurando que o deslocamento de Malatesta e Merlino em direção aos partidos legalistas acentuava-se dia após dia. Ao ler essas palavras, Kropotkin indignou-se e escreveu que aquelas acusações eram indignas e não deveriam aparecer em *La Révolte* (vejam os números correspondentes ao 13 e 20 de abril de 1890 nessa publicação). Continuaram encarregados de suas funções sem que *La Révolte* se desfizesse do correspondente de Londres (*La Révolte*, 27 de agosto a 17 de setembro).

Malatesta tinha a ideia fixa de chegar à revolução por meio da propaganda anarquista; à revolução feita pelas massas com o espírito das ideias anarquistas. O que se chamava gozo aristocrático de conhecer a verdade e viver a própria vida não lhe satisfazia como revolucionário. Muitos italianos eram influenciados pelo movimento francês, que constituía um culto à própria autonomia e superioridade, longe do povo, com o ideal — íntimo ou declarado, secreto ou patente — de viver à margem da sociedade e "às custas do inimigo", às custas do capitalismo, ou seja, mediante o esforço dos que são bastante idiotas para trabalhar e procurar mais riquezas para os poderosos. Kropotkin reagiu contra aquela tendência com sua *Moral anarquista* (março-abril de 1890). Merlino lançou a "Necessité...", que era uma delimitação (maio de 1892). O temporal contra Malatesta e seus escritos demonstra que as opiniões de Errico eram bem conhecidas, inclusive pelo adversário.

Na primavera de 1893, Malatesta esteve na Bélgica com Malato, enquanto se desenvolvia a greve geral política, organizada pelos socialistas para conquistar o sufrágio universal. Queria observar como os poucos anarquistas que viviam na Bélgica interpretavam a situação. Malato relatou com regozijo aquela excursão em um de seus livros evocatórios (1897) que, na minha opinião, inspirou um artigo de *La Révolte* (4 de maio de 1893) que discorria sobre se os anarquistas estavam ou não à altura dos acontecimentos. O artigo foi escrito por Kropotkin? É o que parece.

Para perceber a posição de Kropotkin naquele tempo, é preciso também examinar a "Declaration" inserida em *La Révolte* de 18 de junho de 1892, que parece ser redigida por ele. Requer-

INTRODUÇÃO

-se um estudo profundo para chegar a conhecer a posição dos dois protagonistas da anarquia e a história da relação entre os mesmos anarquistas. Surgiram linhas retas e quebradas, forças e fragilidades, prosperidades, ideais e fracassos no mundo das nossas ideias, que receberam influência de algumas poderosas individualidades.

No inverno de 1893 e 1894, a miséria entre os camponeses da Sicília parecia próxima de desembocar em uma verdadeira insurreição agrária. Os espíritos revolucionários supunham que a revolução se estenderia por todo o território italiano. Malatesta mudou-se clandestinamente para a Itália, e dizem que esteve pela parte central do país, enquanto Merlino atuava no sul, até ser detido em Nápoles em 30 de janeiro de 1894. Malatesta esteve, segundo se diz, em Bolonha, Romanha e em Ancona. Essa última estada, em pleno ambiente propício para as ideias, pôde contribuir para que Ancona fosse seu refúgio em 1897 e também em 1913? Não houve nenhum episódio de importância, nem mesmo na Sicília. Malatesta voltou a Londres.

Naquele ano produziu-se uma das maiores repressões na França, Itália e Espanha. Muitos companheiros tiveram que imigrar para Londres, como Pouget, redator do *Père Peinard* (1860–1931). Os dissidentes social-democratas constituíram-se no partido em direção ao anarquismo de Kropotkin na Alemanha; em direção ao comunismo libertário, de Domela Nieuwenhuis e Cornelissen na Holanda, em direção ao sindicalismo independente, apolítico, de Pelloutier convertido ao anarquismo.

Resultou de tudo isso um propósito firme de resistir ao marxismo que dominava em muitos países. O Congresso socialista internacional de Londres equivaleria em 1896 à afirmação "o socialismo somos nós", de Bebel, Liebknecht, Guesde, Lafargue, Millerand, Jaurès, Ferri, Pablo Iglesias, Vandervelde, Plekhanov...

Contra tais propósitos organizou-se internacionalmente a resistência sindical: Pelloutier e Augustin Hamon em Paris; Malatesta e Pouget em Paris mais tarde e os *Freedom Groups* em Londres; Cornelissen na Holanda; Gustav Landauer na Alemanha e Pietro Gori, em 1896, nos Estados Unidos. Esse movimento apoiou a organização espanhola reprimida radicalmente, em junho de 1896, pelas perseguições na Catalunha depois da explosão da rua Cambios Nuevos, de Barcelona. Naquele ambiente, os poderes atribuídos a Malatesta não puderam ser formalizados; o que permitiu que Pablo Iglesias fosse como um representante do direito divino, delegado da totalidade da Espanha, que sabotara as credenciais de Malatesta.

Eu fui convencido neste mesmo ano, pelos documentos conservados na Espanha, da maneira cuidadosa e meticulosa como se preparou a delegação de Malatesta. Ele assistiu ao congresso com credencial dos sindicatos franceses.

A mentalidade da maioria dos congressistas era tal que não valia a pena levá-la a sério, nem discutir a fundo. Uma assembleia de acionistas de banco com os proletários, ou um conclave de cardeais com os livre-pensadores, teria sido aproximadamente a mesma coisa do que aqueles marxistas com os delegados anarquistas dos sindicatos revolucionários.

Eu presenciei aquele espetáculo de camarote, depois de ver que os trabalhadores londrinos, a quem se queria excluir, forçaram as portas, tal como o analisou Landauer em uma de suas obras. Também assisti, em 1894, 1895 e 1896, às entrevistas sobre sindicalismo, às primeiras, de Pouget, Malatesta, aos camaradas ingleses, Kropotkin e aos outros. Pude comprovar então até que ponto os anarquistas impregnavam-se do sindicalismo de Pelloutier. Aqueles anarquistas sentiam uma verdadeira atração pelo organismo operário: Pouget, tão ativo quanto seu Sindicato de Empregados de Paris em 1880; Lucien Guerineau; vários ofícios do Faubourg Saint Antoine; o próprio Malatesta, primeiro secretário em 1871 da Federação Operária Napolitana; os companheiros ingleses, entre os que foram excelentes trade-unionistas Sam Mainwaring, John Turner e outros; Kropotkin, fascinado pela Internacional dos trabalhadores organizados desde 1872; Paul Brousse, autor do discurso de Bailivet

INTRODUÇÃO

no Congressso francês de Lyon, em 1878... Todos se considerávam satisfeitos ao entrar em contato com os meios operários conscientes dispostos a lutar contra os patrões e vislumbrando a significação do trabalho na sociedade do porvir. Nenhum daqueles homens acreditava que o anarquismo daria passagem ao sindicalismo, que o sindicato seria um regime social universal; todos sabiam que as práticas coorporativas são às vezes egoístas e antisociais, favoráveis à concepção autoritária, comum nos sindicatos franceses, ingleses, alemães, americanos etc.

O objetivo dos anarquistas consistia em arejar a mentalidade dos sindicatos, despertar o sentimento oposto à autoridade, ensinar com o exemplo, o estímulo e a emulação da iniciativa, a prática da ação direta, a solidariedade e a federação, a defesa contra as ambições dos autoritários, a difusão da verdade contra os políticos, a propaganda de companheiro para companheiro no meio cordial do sindicato, da oficina, da reunião, da greve etc. Creio sintetizar o pensamento de Malatesta, que assim interpretou o sindicalismo do primeiro ao último momento. A anarquia para ele era um objetivo querido, a mais elevada forma de convivência humana; não podia aceitar outro valor, considerando o sindicato como um campo abundante, um viveiro de propaganda anarquista e não de outra. Um sindicato não anarquista era para Malatesta núcleo inimigo, como esquadrão de soldados ou promoção de funcionários.

Não me lembro precisamente do único número de *L'Anarchia* que Malatesta editou em Londres, colaborando ele em primeiro lugar (maio de 1896). Tampouco me lembro exatamente dos atos nem das obras do lutador contra a reação personificada por Crispi na Itália por aquele tempo. Sabe-se que tratou de coordenar mais uma vez os elementos de ação porque saiu de sua pluma o projeto, impresso depois, sobre uma "Federação internacional de socialistas-anarquistas revolucionários". Circulou em fevereiro de 1895 e apareceu também em inglês; e ainda em espanhol, em uma publicação anarquista.

Escrito por Malatesta em *El Corsario*, de La Coruña (11 de

abril de 1895), procedente do texto de *The Torch* (Londres), e publicado também em *Solidarity* de Nova York:

Os membros desta Federação sabem bem que alguns anarquistas, ou assim chamados, se oporão ao já mencionado programa de organização. O que eles querem é unir-se para um mesmo propósito com quem seja de sua mesma opinião e modo de pensar; e estarão muito satisfeitos se a iniciativa que acabam de tomar contribui para desvanecer erros que por desgraça prevalecem, demonstrando também a diferença que há entre princípios e aspirações frequentemente opostas entre si, levando todas o nome genérico de anarquia. Eles desejam, enfim, que todas as teorias e métodos submetam-se ao juízo da discussão e prova, e sentem grande simpatia por todos aqueles que de boa-fé brigam por qualquer meio em prol da humanidade.

Não creio que o projeto anterior tenha tido um princípio de realização internacional. Veio à luz em 1895 o manifesto de uma "Aliança revolucionária socialista", encabeçado com as seguintes palavras: "Aos revolucionários e ao povo da Itália". Fundou-se a "Aliança" em setembro de 1895, por Malatesta e Cipriani, o que parece indicar que conteria os anarquistas, como Malatesta, e os socialistas revolucionários do temperamento de Cipriani.

Uma citação do texto:

As divergências sobre a futura organização da sociedade passam para o segundo plano; é urgente unir-se para opor força à força e realizar essa grande insurreição popular que possa, derrocando a ordem atual, abrir a porta para o progresso e dar a todos pão e liberdade. [Segundo o manifesto, a sociedade é] composta por revolucionários de várias tendências.

Como se explica no primeiro artigo desta série, Malatesta estava disposto a aliar-se em 1881 inclusive com os revolucionários autoritários para abater o sistema atual e reivindicar depois a própria liberdade de ação. Vemos a mesma manifestação em 1895 e existe uma publicação clandestina, *Contro la Monarchia. Appello a tutti gli uomini di progresso* (agosto de 1899; sem indicação de lugar; 15 páginas in-16°), cuja capa foi composta para

INTRODUÇÃO

despistar, como se correspondesse a uma "Aritmética Elementar". Trata-se de um apelo à luta por todos os meios e com todo tipo de elementos contra os sistemas repressivos da época na Itália. Soube, em data posterior à morte de Malatesta, que ele foi o autor do "Appello" ao qual me refiro.

O último ministério Crispi expirou em março de 1896 e a imprensa anarquista voltou a ser publicada, selando-se posteriormente algum acordo entre os companheiros de Ancona e Malatesta para fazer um jornal que ele redigiria. Estando foragido, mudou-se secretamente para Ancona e em 14 de março de 1897 a publicação semanal *L'Agitazione* apareceu.

Com grande pesar da minha parte, este ensaio biográfico não poderá terminar além da terceira parte, a próxima, que será irrevogavelmente a última das três dedicadas a Malatesta. Não quero fazer um resumo da minha obra sobre ele (Buenos Aires, *La Protesta*, 1923, 263 páginas), mas trato de aumentar o conteúdo dela, explicar antecedentes e sintetizar algum fragmento.

Os leitores que se interessem por conhecer o triste período imediatamente anterior à morte de Malatesta, no último 22 de julho, podem ler estas linhas dirigidas em 30 de junho pelo próprio Malatesta a Bertoni (*Il Risveglio*, 30 de julho de 1932):

Meu bom Luigi: Que possa conservar por muito, muito tempo o vigor e a capacidade de trabalho. Quanto à minha saúde, lhe direi que se esforçam em fazer-me acreditar que estou melhor; eu finjo crer para que não se aflijam, embora saiba que não melhoro. A verdade é que o bom tempo que tanto espero não começou ainda.

Sentia-se mal e resignava-se a morrer, a menos que chegasse com o bom tempo uma tênue esperança. C. Frigerio publica a notícia provinda de uma carta da companheira de Malatesta, explicando que ele morreu por consequência de uma recaída da doença, outra pneumonia que abateu o corpo, já esgotado. Morreu com grande serenidade.

Foram severamente proibidos inclusive os obituários. Reforçou-se a guarda contínua que se fazia na casa em que fora mantido como refém, e só consentiu-se o acesso, com muita dificuldade, aos parentes próximos e amigos mais íntimos. Estes tiveram que seguir o cadáver no dia do enterro — 23 de julho — em um carro fechado, como quis a polícia, que escoltou com dois furgões repletos de agentes o carro fúnebre — rodeado, assim como os outros, por policiais ciclistas. O cortejo seguiu um itinerário fixado previamente pela polícia, que arrebatou um buquê de cravos vermelhos que a afilhada de Errico queria depositar sobre o túmulo. As flores enviadas pelos vizinhos também tiveram de ser retiradas. O corpo ficou na vala comum. Pôs-se uma cruz sobre a sepultura tal como ordena o regulamento administrativo, embora tenham tirado o emblema religioso após uma intervenção enérgica da companheira de Errico. Com tão célebre deslealdade, com tal canalhice, Mussolini e seus criados quiseram espezinhar até o último instante os restos do homem que coloram em reclusão por tantos anos. A desonra depois de matá-lo literalmente golpe após golpe, suspiro após suspiro.

Outros lacaios de Mussolini prestaram-se a servir ao amo escrevendo em um periódico de Nova York, que deve estar às ordens do fascismo, estas linhas que acabo de ler no *The New York Herald*, de 26 de julho: "Malatesta vivia em Roma numa casa modesta colocada à sua disposição pelo governo" (Roma, 25 de julho, radiograma a *The New York Herald*). E, após um relato fabuloso acerca das detenções que o bom Errico sofreu na vida, estas palavras: "Desde que Mussolini ocupa o poder, *he was permitted the freedom of Italy*", o que equivale a dizer que lhe foi permitida a liberdade de usufruir dos direitos de um cidadão italiano. Que direitos!

DE 1896 A 1932

Conhecemos os fatos notáveis da vida de Malatesta; não conhecemos sua incessante ação cotidiana como poderíamos conhecê-la por um diário pontual ou contínua correspondência.

INTRODUÇÃO

Além do período esclarecido pela documentação relativa a Bakunin e dos relatos posteriores, cujo significado transmitiu-se oralmente ou por meio de obras, impressas ou discutidas, de caráter retrospectivo; além da luz projetada por processos e informações distintas, não temos referências sobre os fatores diretos da atividade de Malatesta. Podemos reconstruí-la estudando o quadro geral da época correspondente como conjunto, aproveitada sempre pelo lutador para projetar e realizar no possível, embora desconheçamos os meios com que contava em cada caso. É fácil demonstrar, por exemplo, que acertou em 1897 ao escolher a cidade de Ancona para publicar *L'Agitazione*, embora nada nos seja possível dizer sobre os motivos concretos que originaram ou estimularam a iniciativa de Malatesta ao mudar--se de Londres para lá. De todas as formas, *L'Agitazione* foi desde o início um jornal de envergadura, como em outros tempos foram *La Questione Sociale* e *L'Associazione*. *L'Agitazione* transformou-se sucessivamente em *L'Agitatore*, *Agitiamoci* e *Agitatevi*, atravessando o período repressivo da época do Primeiro de Maio (1897). A publicação redigida por ele apareceu normalmente, até sua detenção (17 de janeiro de 1898). Seus companheiros continuaram-na depois.

Malatesta perigava ir à cadeia por conta da condenação de 1885 que prescreveu no verão de 1897, e viveu durante longos meses clandestinamente, escrevendo para o jornal durante o dia e passeando de noite vestido de mecânico com chapéu de ferroviário. Esteve em diversas localidades, intervindo como orador em atos públicos com nome falso. A polícia deve ter averiguado que Malatesta desaparecera de Londres; ao mesmo tempo, via que, apesar da prisão de outros colaboradores de *L'Agitazione*, a publicação continuava com o mesmo alcance; supunha, portanto, que Malatesta andava próximo, embora não pudesse crer que ele residisse na própria cidade de Ancona. Em 2 de setembro Errico declarou que, apesar de estar extinta a condenação, preferia continuar vivendo na clandestinidade. Em 15 de novembro foi detido.

Como em 1884, em Florença, grupos e seções uniram-se aderindo ao acordo antiparlamentarista de Forlimpopoli; a adesão a um manifesto antieleitoral foi, em 1897, o fator aglutinante entre os grupos. Nesse ano era tão necessário combater o socialismo político quanto em 1884. Convinha, além disso, opor-se ao novo ponto de vista de Merlino, que saiu da cadeia em 1896 e se declarou cético no que diz respeito ao anarquismo, no qual acreditava ver predominar tendências amorfas, concebendo a ideia de um anarquismo moderado que buscasse a representação parlamentar e se relacionasse com o partido socialista político. Foi uma defecção que não deixava de ter importância, dada a convicção de Merlino. Malatesta combateu-o com rigor em *L'Agitazione*, sem que a polêmica tivesse caráter acre nem ofensivo. Ele reconhecia a boa-fé de Merlino, de quem fora colega no liceu.

Não voltei a ver *L'Agitazione* desde 1897 e não posso exprimir com exatidão de memória. Tudo indica que Malatesta prosseguia o plano de unificar as forças anarquistas e populares com objetivo revolucionário, além de fazer um periódico para os anarquistas. Pensava sempre na possibilidade de uma ação, e era precisamente quando a fome desesperada do povo ia estourar com furor de Foggia a Milão, em 1898. Nesta última cidade as barricadas foram demolidas a balas de canhão em maio desse mesmo ano. Para a desgraça de Malatesta — quando em 50 cidades produziram-se desordens no inverno de 1897 e 1898, como consequência da carestia de pão — a polícia teve pretexto em Ancona, nos dias 17 e 18 de janeiro de 1898, para detê-lo. Em abril do mesmo ano julgou-se o processo (do 21 ao 27), condenando-o a sete meses de reclusão, ou seja, até o dia 17 de agosto. Teria sido indubitavelmente mais difícil de ver-se a causa da sentença semanas depois, já que sobrevieram as insurreições de Bari e Foggia (em 27 e 28 de abril) e a de Milão a partir de 7 de maio. Em 1898 houve, pelo tribunal ordinário, condenações que somavam 1949 anos de prisão; os tribunais militares ditaram sentenças em Milão que supunham

INTRODUÇÃO

1435 anos de reclusão, em Florença 1156 anos, em Nápoles 450 anos etc.

Os tribunais de jurisdição mais extensa confirmaram a sentença contra Malatesta e, ao cumprir a pena, deportaram-no para Ustica e posteriormente a Lampedusa, para onde foram conduzidos quase todos os militantes que não tinham deixado o território italiano. Renunciou à liberdade que lhe foi oferecida pelo procedimento da eleição parlamentar e resolveu salvar-se diretamente, embarcando em um bote que remou em direção a Malta. Desta ilha dirigiu-se para Londres em maio de 1899 a bordo de um barco inglês.

A repressão desenfreada do rei Humberto nos últimos anos perseguiu também os parlamentares socialistas. A insurreição prevista pela obra *Contro a Monarchia* (agosto de 1899) não se realizou naquele momento e Malatesta teve a oportunidade de fazer uma excursão de propaganda pelos Estados Unidos. Enquanto permanecesse naquela parte da América, acordou em redigir *Questione Sociale* de Paterson, Nova Jersey, a famosa publicação semanal fundada em 15 de julho de 1895. Malatesta chegou a Paterson no dia 12 de agosto de 1899.

Disse em seu primeiro discurso que se estourasse a revolução na Itália talvez não se pudesse realizar a anarquia, mas que haveria diante dos anarquistas um governo frágil, recente, apenas constituído, sem se consolidar nem se fortalecer, um governo ao qual se colocariam todo tipo de obstáculos: recusa ao serviço militar, greve de contribuintes e de inquilinos, conflitos do trabalho, expulsão dos patrões das fábricas, conservação dos produtos da terra pelos camponeses etc. Recomendou a aliança com os socialistas se o objetivo fosse fazer a revolução por parte dos republicanos e combater (isso lhe parecia problemático) pela república. Uma aliança *sem compromissos* e certamente não em favor da república. Disse, respondendo à réplica de um socialista:

Em primeiro lugar, os anarquistas não têm a menor intenção de governar depois que o fizerem republicanos e socialistas. Trata-se de invadir o terreno fechado, abatendo todos juntos — anarquistas, socialistas e republicanos — o monstro que guarda o portão. O que farão então os anarquistas? Não importa aos socialistas o que os anarquistas farão, nem interessa a eles mesmos, senão ao povo. Se as circunstâncias forem favoráveis, expropriaremos a terra, as ferramentas, as fábricas, os produtos. Se pudermos, fuzilaremos quem tente nos governar e queimaremos o Palácio de Montecitorio se ele continuar sendo o refúgio dos parlamentares, ou seja, dos patrões do povo (*Questione Sociale*, 19 de agosto de 1899).

Então, como sempre, Malatesta e seus íntimos enfrentaram os adversários do sentido orgânico. Fora constituído em Londres, no dia 5 de agosto, o Círculo Socialista-Anarquista. O porta-voz dos individualistas de Paterson era então G. Ciancabilla, que em 1897 era ainda socialista e tomou parte na expedição militar de Cipriani (Guerra greco-turca), tornando-se posteriormente anarquista e situando-se na oposição aberta contra Malatesta, que lhe demonstrou publicamente, por uma razão que eu desconheço, sua falta de estima pessoal (veja *Questione Sociale*, 23 de dezembro). Ciancabilla regularizou a oposição fundando um novo jornal, *L'Aurora*, em 16 de setembro, em West Hoboken. O trabalho de Malatesta em *Questione Sociale* começou provavelmente no número um da nova série (9 de setembro) e deu início à publicação de *Il nostro programma* que produziu uma oposição decidida, de caráter antiorganizador, individualista, que se manifestava em conferências e escritos, culminando no disparo de um antagonista contra Malatesta em algum ato público. Pedro Esteve foi maltratado na campanha contra Malatesta, apesar de ter sido impressor do número um de *L'Aurora* de Ciancabilla, a pedido deste "e para dar prova de tolerância" (*Questione Sociale*, 23 de dezembro).

"Il nostro programma" foi editado à parte em folheto (Paterson, 1903, Tipografia de *El Despertar*, 31 páginas in-16°) pelo grupo socialista-anarquista "L'Avvenire", de New London (Connecticut). Eis aqui como resume as ideias anarquistas:

1. Abolição da propriedade privada da terra; expropriação

INTRODUÇÃO

de matérias-primas e utensílios de trabalho, dando garantias a todos os meios de produção e de vida para que sejam independentes e possam associar-se livremente com seus semelhantes segundo o interesse comum de todos, e de acordo com as próprias afinidades.

2. Abolição de todo o governo e todo o poder que dite ou consolide qualquer lei; por conseguinte, abolição de monarquias, repúblicas, parlamentos, exércitos, polícia, magistratura e qualquer instituição provida de meios coercivos.

3. Organização da vida social por associações e federações livres de produtores e consumidores, complementadas e modificadas segundo acordado pelas vontades dos participantes, orientados pela experiência e sem mais coação do que a derivada das leis naturais às quais se submetem todos voluntariamente dominados pelo sentimento de que são incombatíveis.

4. Garantia de meios de vida, desenvolvimento e bem-estar para a infância e a adolescência, incapaz de produzir o que consome.

5. Guerra às religiões e a todas as mentiras, mesmo que se escondam sob aparências científicas. Instrução para todos até os graus superiores.

6. Guerra ao patriotismo, abolição de fronteiras e fraternidade universal.

7. Reconstrução da família pelo amor, libertado de jugos e prisões econômicas ou físicas, assim como de preconceitos religiosos.

Essas palavras lembram as sínteses de Bakunin em conteúdo e espírito, como que formando a segunda natureza de Malatesta.

Por contraste, nada nelas lembra Kropotkin. Da obra anteriormente mencionada há uma tradução em castelhano devida à pluma de José Prat, publicada no ano de 1909 em Barcelona (16 páginas in-12°).

Se as ideias de Malatesta expressadas nas suas conferências inspiraram em um antagonista o propósito de atentar contra a vida de Errico em Paterson, escreveu-se que quando Malatesta foi recebido triunfalmente pela cidade de Gênova, em dezembro de 1919, o agressor recatava-se e se escondia, como que possuído pela vergonha. Tal fato foi percebido por Malatesta, que sorriu e estendeu a mão ao adversário.

Gaetano Bresci liquidou em 29 de julho de 1900 a insustentável situação da Itália, dando fim ao reinado de Humberto. Merlino, que fora alvo tantos anos antes dos avançados, já que lhe amontoavam de injúrias, teve coragem em pleno terror governamental para defender Bresci de maneira brilhante e altiva.

Malatesta quis dar algumas conferências na ilha de Cuba. Foi até lá em vão, porque lhe proibiram o desembarque, e no verão de 1900 encaminhou-se para Londres. Expressou-se claramente sobre o regicídio de Bresci no número único de *Cause ed Effetti, 1898–1890*, que surgiu em Londres em dezembro. Seu grupo criou um jornal socialista-anarquista, *L'Internazionale*, e tomou parte nele. Só saíram quatro números (de 12 de janeiro a 5 de maio de 1901). Tenho a vaga impressão, que não posso comprovar agora, de que tentava criar um grupo internacional. Com efeito, deveria aparecer um "Programma e tattica del partito socialista anarchico" (veja *Questione Sociale*, 6 de abril de 1901), e apareceu, posto que fosse publicado na quarta edição em Roma em 1905 na "Biblioteca dell'Agitazione" (20 páginas em 16°), e em português em São Paulo, em 1910 — essa vez com o nome de Malatesta como autor. De qualquer modo, nenhuma organização de caráter internacional foi fundada em 1901 tendo tanta preponderância como as ideias de Malatesta.

A repressão decresceu um pouco depois da morte de Hum-

INTRODUÇÃO

berto e contribuiu para o nascimento em Roma de uma tendência muito moderada do anarquismo, adaptável aos pontos de vista de Merlino. *L'Agitazione*, de Roma, a partir de 2 de junho de 1901, foi o órgão daquela tendência, e posteriormente *L'Alleanza Libertaria*, que começou a ser publicado no Primeiro de Maio de 1908. Em Milão fundou-se o órgão *Il Grido della Folla* (19 de abril de 1902), periódico adversário da organização e muito bem escrito. Galleani, em *Questione Sociale* de Paterson, e a partir de 6 de junho de 1903 em *Cronaca Sovversiva* de Barre, Vermont, difundiu com destacado talento um kropotkinismo antiorgânico e revolucionário, muito eloquente. Gori, que regressara à Itália, fez com que ressoasse seu anarquismo, tão belo esteticamente, tão lógico e correto quanto sentido pelo propagandista, mas que foi mais defesa do que ataque. Em *Il Pensiero*, a revista fundada em 25 de julho de 1903, e antes em *L'Università Popolare* (Mântua; Milão; a partir de 15 de fevereiro de 1901), cuidou-se da exposição da doutrina anarquista, tão digna de ser cuidada, mas afastando-se da luta social, que Malatesta via sempre próxima. Talvez naqueles anos *Il Risveglio*, de Bertoni (Genebra, a partir de 7 de julho de 1900), foi o único órgão do esforço de Malatesta, o que talvez lhe tenha produzido a satisfação de abraçar o melhor das ideias de ambos.

Houve outros jornais italianos de vida efêmera em Londres entre 1902 e 1912. Malatesta interveio em alguns, enquanto foram opostos aos seus pontos de vista — é-me impossível precisar sem ver novamente aquelas publicações. Seguiu de perto os movimentos proletários da Espanha, particularmente a grande greve metalúrgica de Barcelona (1902). Tarrida del Mármol foi um excelente amigo de Malatesta, embora não estivessem de acordo em muitas coisas. Seguiu também com lucidez crítica a passeata do sindicalismo francês. Escreveu o prefácio para "La resistenza operaia", de Paul Delasalle, versão italiana (Messina, 1901, 14 páginas). Deve ter acompanhado de perto a crítica ao sindicalismo autoritário suíço que Bertoni e Georges Herzig fizeram sempre em *Réveil-Risveglio* (Genebra).

Por meio de Cherkesov conheceu as esperanças que ele, Kropotkin e alguns companheiros ingleses depositaram na influência do espírito sindicalista de certos trade-unionistas, como Tom Man, embora tenha permanecido cético quanto ao resultado. Viu satisfeito o antimilitarismo de Domela Nieuwenhuis manifestar-se firmemente, sem que lhe impressionassem as palavras do trágico Hervé ou de seus discípulos.

Há uma série de artigos de Malatesta, nos quais se refere aos desviacionismos, ilusões, dogmatismos etc. dos anarquistas daquela época, e também às opiniões dos sindicalistas que acreditavam substituir definitivamente os anarquistas. Aquelas críticas contêm notas e observações que já se encontravam nos seus mais antigos escritos, como nos textos de 1920–1922 (*Umanità Nova*). Também as vemos em *Pensiero e Volontà* (1924–1926) e em diferentes trabalhos dispersos, produzidos até a data de sua morte. Se o que Malatesta disse ou escreveu de 1920 a 1932 tem um fundo digno de máxima atenção, coisa indiscutível para os comentaristas atuais, o que deixou de 1900 a 1914 é digno também de estudo. O que ocorreu antes foi que não se prestou tanta atenção. É preciso dizê-lo claramente.

Não foi Malatesta quem traiu o movimento internacional nos 13 anos que morou em Londres antes de voltar à Itália em 1903. Dizia-se que ele não era verdadeiramente comunista como Kropotkin, o inimigo puro dos "individualistas", não muito inclinado ao sindicalismo, bakuninista em suma, e não "espontaneísta" por assim dizer. Todo mundo viu, apesar das críticas, a energia e a habilidade de Malatesta no Congresso anarquista internacional de Amsterdã (agosto de 1907). Ali, ele foi a alma de tudo o que se fez, como fora em 1881, no Congresso revolucionário de Londres. O próprio Malatesta teve palavras de simpatia para com o Congresso de Amsterdã. Deve ter contribuído para a impressão cordial a afluência de impulsos jovens e enérgicos; adversários do ponto de vista orgânico em 1881, em 1907 estavam fascinados pelo sentido orgânico sindicalista; assim como em 1881, o ponto de vista inalterável de Malatesta

INTRODUÇÃO

em 1907 era a cooperação organizada para a propaganda e a ação anarquista. Seu propósito foi mal-entendido. Convém reler seus discursos daquela época e seus artigos "Le Congrès d'Amsterdam" (*Temps Nouveaux*, Paris, de 21 de setembro a 5 de outubro de 1907) e "Anarchism and Syndicalism" (*Freedom*, Londres, novembro de 1907).

O Congresso de Amsterdã fundou uma Internacional Anarquista, e Malatesta ocupou um lugar de destaque no Comitê; como entre 1881 e 1882, entregou-se ao trabalho. A Internacional sofreu um colapso, quase desaparecendo. Um Congresso proposto para 1914 deveria reativá-la, mas era o ano da guerra. A Internacional de 1881 não interessou aos adversários da organização; a de 1907 foi desdenhada pelos partidários do ponto de vista orgânico, fascinados pelo sindicalismo. Uma facção destes últimos fundou uma Internacional anarco-sindicalista, a atual AIT; outra facção seguiu as táticas da *cgt* francesa e aderiu com ela à Internacional dos sindicatos Reformistas (Amsterdã) na qual convivem Jouhaux e Legien. Malatesta não se animou. Em um artigo inserido em *Freedom* (junho de 1909) intitulado "Anarchists and the situation" previu os acontecimentos, comprovando que faltava visão de futuro. Aquele artigo de Malatesta coincidiu com a chamada Semana Trágica de Barcelona.

Foi um dos primeiros que se opuseram à onda nacionalista que desencadeou a guerra de Trípoli em 1911 e enlouqueceu tantos italianos, demonstrando a facilidade que um Estado tem para enganar a opinião pública e fazer com que ela se mostre favorável a uma guerra qualquer. Opôs-se a Gustav Hervé que, no outono de 1911, passou por Londres predicando suas novas ideias, cuja essência era raivosamente autoritária e patriótica. Poucos compreenderam tão bem como Malatesta a transformação do propagandista antibelicista.

Lembraram-se várias vezes de Malatesta na Itália por aqueles anos. Convidaram-no para redigir o diário anarquista de Milão, *La Protesta Umana*, e também contaram com ele para uma excursão de propaganda. Seus esforços traduziram-se na fundação do jornal semanal *Volontà*, que era um *periódico de propaganda anarquista* de Ancona (8 de junho de 1913). Naquela época (1913–1914), Malatesta fez muitas campanhas de propaganda anarquista, algumas em tempos de eleições. As massas saudaram Malatesta universalmente de maneira tão eloquente, que mesmo os críticos de Errico, seus opositores mais violentos, deram-se conta do talento, do viço inteligente e desprendido que reunia aquele homem, a quem se mantinha esquecido por tantos anos em Londres.

Tanto o equívoco socialista — subordinação dos trabalhadores a líderes políticos e sindicalistas da Confederação Geral do Trabalho — quanto o patriotismo, o irredentismo avivado pela esperada guerra europeia, o colonialismo, o sindicalismo afortunado e pomposo de Alceste De Ambris, tinham livre curso na Itália, persistindo outros fatores desfavoráveis. Malatesta não podia cantar vitória em poucos meses; não lhe era possível vencer ou paralisar tanta oposição, já que tinha que resistir e neutralizar as campanhas eleitorais dos socialistas, o reformismo disfarçado de revolucionarismo insidioso dos chefes sindicalistas, a própria campanha a favor de De Ambris, fomentada por James Guillaume em Paris. De Ambris era protagonista tenaz do sindicalismo, pelo qual sacrificava o anarquismo, referindo-se a Bertoni, Herzig e Malatesta como inimigos. Errico respondeu à campanha com um artigo cheio de sugestões retrospectivas: "Où mène le mouvement ouvrier?" (*Le Réveil*, Genebra, 7 de março 1914).

Malatesta encontrou elementos para integrar futuras forças de ação no antimilitarismo, especialmente o soldado rebelde Masetti, na juventude republicana, que parecia emancipar-se do irredentismo e aspirar com empenho a derrubar a monarquia, o clericalismo e a plutocracia.

Com o apoio da juventude e da população operária, cansada da inércia do socialismo reformista, somado à cooperação anarquista (preparava-se um congresso geral) e sem tantas tra-

INTRODUÇÃO

vas como lhe colocaram outras vezes, parecia encontrar um caminho.

Existia em preparação na Itália um movimento de caráter geral, e os anarquistas queriam antecipá-lo (ver Malatesta, *Umanità Nova*, Roma, 28 de junho de 1922). De nada valeu a previsão — inutilizada por manifestações públicas e pela intervenção policial violenta do primeiro domingo de junho de 1914 —, o massacre da polícia de Ancona, a greve geral dessa região e da Romanha. Foi uma Semana Vermelha vigorosa, de significação verdadeiramente insurrecional, paralisada por socialistas e sindicalistas reformistas, que deram bruscamente por terminada a greve, salvando assim a monarquia e a burguesia e reservando o povo para que fosse carne de canhão na guerra que não demoraria um ano em fazer a Itália oficial, apoiada por Mussolini e os De Ambris.

Uma revolução italiana em junho de 1914 teria podido evitar a guerra mundial que estourou um mês depois? Ninguém pode assegurá-lo. A verdade é que a obediência dos operários aos chefes socialistas demonstrou aos governantes e aos tutores do sistema atual que os trabalhadores organizados por líderes políticos não eram temíveis, já que retrocediam à voz de comando, inclusive quando a tempestade revolucionária colocava-os em situação favorável para conseguir a própria emancipação. A burguesia tinha certeza de que aqueles proletários militarmente engajados fariam a guerra, e já vimos que ela não se equivocou.

Malatesta foi a figura mais notável no momento decisivo da guerra. Abandonado pelo proletariado submisso, nada pôde fazer com um punhado de valentes como ele. Dirigiu-se a Genebra, foi visitar Jacques Gross e viu Bertoini, Herzig e outros militantes suíços. Passou por Paris e reuniu-se com James Guillaume, demonstrando-lhe que não lhe guardava rancor nem má vontade. Finalmente, embarcou para Londres, desterro habitual de Malatesta — que desta vez se prolongaria até dezembro de 1919.

No curso da horrível conflagração de quase todo mundo

contra quase todo mundo, Malatesta não podia mudar seu ideal de toda a vida. Os que prescindiram do ideal é porque nunca o haviam sentido. Descobriram o que nenhum elemento de observação pôde eliminar ou mudar em seu mundo interior. Kropotkin continuou sendo o que sempre foi. Malatesta o mesmo. A ruptura entre ambos situou cada um em um plano de tão grande responsabilidade que não os permitiu fechar os olhos e andar cada qual por seu terreno como haviam feito por um longo período, divididos por diferenças radicais. A desavença provocada pela guerra era definitiva.

É fácil encontrar trabalhos de Malatesta sobre a guerra nas publicações anarquistas de 1914, 1915 e 1916. As evocações de Rocker aproximam-nos ainda mais ao Malatesta daqueles tristes anos. Na Espanha, podem-se consultar os números de *Tierra y libertad* das devidas datas. Rocker afirma que depois da Revolução Russa — ignoro a data exata — Malatesta queria mudar-se para a Rússia, porém o governo britânico não permitiu que ele abandonasse o território inglês. O velho lutador queria ver com seus próprios olhos se o povo russo fez a revolução ou se era o partido marxista-blanquista que andava às voltas com o povo, aquele partido que ele conhecia tão bem como adversário do anarquismo. Deve ter se convencido de que eram inevitáveis as mudanças sociais em outros países perante a força, o idealismo e a vontade revolucionária postos em ação. Na Itália, sua ardorosa vontade procurou sempre ser motor eficaz. Foi excluído de uma anistia.

Umanità Nova, cujo programa data de 1919, reproduz o espírito do "Appello" de 1889 e o esforço inicial para a convivência das diversas tendências anarquistas na Itália. Esse pensamento coroou a obra anarquista de Malatesta, embora sua realização tenha sido incompleta ou difícil após tão longas épocas de discórdia. Todo mundo sabe que, apesar das proibições, Malatesta saiu secretamente da Inglaterra em viagem direta de Cardiff a Gênova, a bordo de um barco a vapor, e que ao chegar ao

INTRODUÇÃO

porto de Gênova, paralisou-se o trabalho, sendo aclamado com | 51
entusiasmo pelos operários em 28 de dezembro de 1919.

Mesmo sem conhecer as observações de Galleani em seu artigo "Malatesta in Itália" (*Cronaca Sovversiva*, 17 de janeiro de 1920), compreende-se que a posição de Malatesta era difícil e penosa no âmbito da atividade insurrecional. Existia o desejo profundo subversivo nas massas, mas elas prescindiam de convicção anarquista.

Alguém que talvez quisesse desviar Malatesta — os ignorantes ou os maliciosos; talvez os comunistas — inspirou os gritos que se ouviram em algum comício: "Viva o Lenin da Itália!". Sobre o que comenta Galleani: "Ofenderam amargamente o senso de modéstia e de discrição de Errico Malatesta". Toda ação coletiva sustentada pelas massas encontrava a oposição dos líderes de cada facção e também a falta de compreensão dos próprios anarquistas, não acostumados a cooperar "por um objetivo comum" com outras tendências de caráter popular. Não querendo ser ditador e não sendo possível, por outro lado, educar repentinamente os militantes e a massa para o objetivo comum — propósito que sempre teve e que viu fracassar, repudiado por outros — Malatesta compreendeu rapidamente que nada tinha mudado em essência e que nada se podia tentar.

O jornal *Umanità Nova* foi publicado em Milão desde 27 de fevereiro de 1920 até 24 de março de 1921, e em Roma de 14 de maio de 1921 a 2 de dezembro de 1922. Malatesta era diretor, e sua contribuição era vivaz e sensata, lógica. Fez também muita propaganda oral. Não se encontrava muito satisfeito, segundo explicou depois nas "Dichiarazione personali" (*Umanità Nova*, 22 de março de 1922). Já em abril de 1920 comunicou seu mal-estar a Bertoni, que visitou o companheiro e amigo em Milão (ver *Il Risveglio*, 30 de julho de 1932). Do discurso pronunciado em italiano por Bertoni nessa última data, deduz-se que Malatesta não sabia o que fazer com tanto entusiasmo com o qual ia de encontro e que desejava a sobriedade dialética com militantes inteligentes. Via-se deslocado no norte industrial e preferia instalar-se no sul para preparar com todo o empenho um levante do povo camponês. Segundo o artigo supracitado de Bertoni, Malatesta acreditava que não era o momento de perder o tempo com lamúrias, pois com isso poderia se chegar a ver maus tempos e agressões tenebrosas, piores do que nunca. "Dolorosa profecia!", acrescenta Bertoni. Passara o ano de 1919, e o que foram os três anos seguintes senão uma corrida de morte? Patriotismo, nacionalismo, D'Annunzio espiando por trás da anteface, Mussolini... O fanatismo e o egocentrismo dos bolcheviques, a traição dos socialistas e, também há de dizê-lo, a inércia dos anarquistas. Certamente eles acreditavam organizar tranquilamente sua existência mediante o II Congresso da União Anarquista Italiana (Bolonha, 1º a 4 de julho de 1920), discutindo um programa redigido por Malatesta e publicado depois em folheto. Sei que trataram de constituir à margem de partidos e organizações uns núcleos locais de ação para ir ao terreno dos fatos no momento propício, embora o acordo demonstre que aqueles grupos não existiam... E já se entrava no mês de julho de 1920.

Em 20 de agosto foi iniciado o *obstruzionismo operaio* dos metalúrgicos.

Ao começar setembro realizou-se a memorável ocupação das fábricas, façanha que pedia expansão — que Malatesta e *Umanità Nova* procuraram dar ao movimento sabotado e estrangulado pelos eternos traidores reformistas da Confederação Geral do Trabalho. Estes fizeram as pazes com os patrões e malograram a ação revolucionária assim como aconteceu na Semana Vermelha da Romanha no ano de 1914.

Surgiu uma repressão brutal. Malatesta foi detido em 17 de outubro. O tratamento que as autoridades deram a ele foi abominável. Em março de 1921, declarou greve de fome com seus companheiros de prisão (*Umanità Nova*). Quiseram fazer uma greve geral de protesto, impedida pelos chefes e hierarquias burocráticas, segundo *Umanità Nova* de 13 de maio de 1922. Em 23 de março produziu-se uma explosão no teatro Diana, seguida

INTRODUÇÃO

de uma série de vinganças envolvidas em processos, perecendo alguns companheiros e morrendo outros lentamente no presídio. Nos dias de 27, 28 e 29 de julho, julgou-se o processo contra Malatesta e os outros inocentes, sendo absolvidos.

Malatesta viveu depois em Roma, contribuindo na redação de *Umanità Nova*, que apareceu semanalmente depois de 19 de agosto de 1922 e foi suspensa quando os fascistas instalaram-se em Roma no inverno seguinte. Malatesta ainda escreve em fevereiro de 1923: "Fomos vencidos, mas não temos o espírito dos vencidos. É sempre ardente a fé em nós, forte a vontade, segura a esperança da revolta inevitável". Tais sentimentos animaram-no enquanto teve um sopro de vida, e descrevem maravilhosamente a atitude do velho lutador e de outros companheiros a partir de 1920. Ele e seus mais íntimos dirigiram-se então às massas em centenas de comícios dizendo: "Façam logo a revolução, caso contrário os burgueses os farão pagar com lágrimas de sangue o medo que hoje vocês causam neles". Pronunciaram-se contra os adiamentos... "Não fomos escutados... e veio o fascismo".

Malatesta tratou de trabalhar, aos 69 anos, como eletricista. A polícia estacionava em local imediato a seu local de trabalho, acabando por perder a clientela; teve inclusive de abandonar a oficina.

Em setembro de 1922 respirou pela última vez as brisas não impregnadas de fascismo. Um companheiro de Tesino conduziu-o por veredas de contrabandistas através das montanhas, detendo-se em Bellinzona (Tesino) na casa de Gagliardi, um senhor que fora encarregado de preparar secretamente em 1891 o Congresso de Capolago. Chegou de automóvel em Biel, onde foi reunida a Conferência dos companheiros italianos na Suíça. Finalmente foi a Saint-Imier (Jura bernense). Ali compareceram alguns companheiros de distintos países para comemorar o Congresso de Saint-Imier, da Internacional (setembro de 1872), ao qual assistiram Bakunin, Guillaume, Farga, Pellicer, Morago etc. O único sobrevivente neste momento tão grave era

MAX NETTLAU

Malatesta. A polícia suíça quis executar a ordem de expulsão do território suíço ditada contra Malatesta, que pôde saudar os companheiros em Biel e entrou na Itália, futuro sepulcro de seu corpo e de seu espírito vibrante. "Casa dos mortos", diz Dostoiévski. "Terra de morte", pode-se dizer hoje da Itália, que jaz no ataúde fascista. Não é o único país que vive tão desgraçadamente.

Malatesta reagiu intelectualmente com a bela revista *Pensiero e Volontà*, que publicou 57 números, de primeiro de janeiro de 1924 a 10 de outubro de 1926. Muitos foram sequestrados pela polícia. A revista extinguiu-se em outubro de 1926, quando toda a vida intelectual italiana teve de se calar ou expressar-se de acordo com o verdugo fascista. Acho que os trabalhos mais frutíferos e férteis, os mais eficazes para o pensamento anarquista em sua evolução presente, encontram-se em *Pensiero e Volontà*. A mesma opinião corresponde aos artigos e cartas publicados ultimamente em periódicos italianos não editados em terras italianas. Malatesta escreveu também uma introdução retrospectiva sobre a Internacional, mais de 16 páginas, para prefaciar minha obra "Bakunin e l'Internazionale in Italia, del 1864 al 1872" (Genebra, *Il Risveglio*, 1928, XXXI, 397 páginas). Terminava sua introdução, escrita em agosto de 1928, com estas palavras:

Podemos olhar o porvir com confiança. Apesar da tristeza daquele momento; apesar da onda de servilismo e de medo, que neste momento desonra e paralisa as pessoas que se manifestam; apesar do eclipse passageiro que escurece toda luz de liberdade e dignidade, sentimos, sabemos que a tempestade aproxima-se e que, mais dia menos dia, cairá a chuva fecunda. Avante sempre! A vitória será nossa. Errico Malatesta.

Repito mais uma vez que Malatesta viveu e morreu em plena satisfação espiritual. Cabe a nós, em todos os países, ser dignos da confiança que ele tinha no futuro da humanidade ao se traçar o caminho da liberdade. Pensamento, vontade, ação, liberdade, associação, amor: eis aqui as fachadas da sua bela

INTRODUÇÃO

reconstrução anarquista, ampla, rica e sensata. É talvez a mais vital e a mais realista das concepções da Internacional, cúmplice das que acreditavam Bakunin e Reclus.

ESCRITOS REVOLUCIONÁRIOS

PROGRAMA ANARQUISTA

1903[†]

NADA TEMOS a dizer de novo. A propaganda não é, e não pode ser, senão a repetição contínua, incansável, dos princípios que devem servir-nos de guia na conduta que devemos seguir nas diferentes circunstâncias da vida.

Repetiremos, portanto, com termos mais ou menos diferentes, mas no fundo constantes, nosso velho programa socialista-anarquista revolucionário.

O programa da União Anarquista Italiana é o programa anarquista-comunista revolucionário. Há meio século ele foi proposto na Itália, no seio da Internacional, sob o nome de programa socialista. Mais tarde, tomou o nome de socialista-anarquista, como reação contra a degenerescência crescente, autoritária e parlamentar, do movimento socialista. Em seguida, finalmente, denominaram-no anarquista.

O QUE QUEREMOS

Acreditamos que a maioria dos males que afligem os homens decorre da má organização social; e que os homens, por sua vontade e seu saber, podem fazê-los desaparecer.

A sociedade atual é o resultado das lutas seculares que os homens empreenderam entre si. Desconheceram as vantagens que podiam resultar para todos da cooperação e da solidariedade.

[†] O presente texto foi publicado em 1903, sob o título *Nosso Programa*, por um grupo italiano dos Estados Unidos. Em 1920, ele foi inteiramente aceito pelo congresso da Unio Anarchica Italiana de 1 a 4 de julho. O primeiro parágrafo não aparece em 1920 e os subtítulos são, ao contrário, dessa época. [N. do T.]

Viram em cada um de seus semelhantes (exceto, no máximo, os membros de sua família) um concorrente e um inimigo. E procuraram açambarcar, cada um por si, a maior quantidade de prazeres possível, sem se preocupar com os interesses alheios.

Nesta luta, é óbvio, os mais fortes e os mais afortunados deviam vencer, e, de diferentes maneiras, explorar e oprimir os vencidos.

Enquanto o homem não foi capaz de produzir mais do que o estritamente necessário para sua sobrevivência, os vencedores só podiam afugentar e massacrar os vencidos, e apoderar-se dos alimentos produzidos.

Em seguida — quando, com a descoberta da pecuária e da agricultura, o homem soube produzir mais do que precisava para viver — os vencedores acharam mais cômodo reduzir os vencidos à servidão e fazê-los trabalhar para eles.

Mais tarde, os vencedores acharam mais vantajoso, mais eficaz e mais seguro explorar o trabalho alheio por outro sistema: conservar para si a propriedade exclusiva da terra e de todos os instrumentos de trabalho, e conceder uma liberdade aparente aos deserdados. Estes, não tendo os meios para viver, eram obrigados a recorrer aos proprietários e a trabalhar para eles, sob as condições que eles lhes fixavam.

Deste modo, pouco a pouco, através de uma rede complicada de lutas de todos os tipos, invasões, guerras, rebeliões, repressões, concessões feitas e retomadas, associação dos vencidos, unidos para defender-se, e dos vencedores, para atacar, chegou-se ao estado atual da sociedade, em que alguns homens detêm hereditariamente a terra e todas as riquezas sociais, enquanto a grande massa, privada de tudo, é frustrada e oprimida por um punhado de proprietários.

Disto depende o estado de miséria em que se encontram geralmente os trabalhadores e todos os males decorrentes: ignorância, crime, prostituição, definhamento físico, abjeção moral, morte prematura. Daí a constituição de uma classe especial (o governo) que, provida dos meios materiais de repressão, tem

MALATESTA

por missão legalizar e defender os proprietários contra as reivindicações do proletariado. Ela se serve, em seguida, da força que possui para arrogar-se privilégios e submeter, se puder fazê-lo, à sua própria supremacia, a classe dos proprietários.

Disso decorre a formação de outra classe especial (o clero), que por uma série de fábulas relativas à vontade de Deus, à vida futura etc., procura conduzir os oprimidos a suportarem docilmente o opressor, o governo, os interesses dos proprietários e os seus próprios. Daí se segue a formação de uma ciência oficial que é, em tudo o que pode servir aos interesses dos dominadores, a negação da verdadeira ciência. Daí o espírito patriótico, os ódios raciais, as guerras e as pazes armadas, mais desastrosas do que as próprias guerras. O amor transformado em negócio ignóbil. O ódio mais ou menos latente, a rivalidade, a desconfiança, a incerteza e o medo entre os seres humanos.

Queremos mudar radicalmente tal estado de coisas. E visto que todos estes males derivam da busca do bem-estar perseguido por cada um por si e contra todos, queremos dar-lhe uma solução, substituindo o ódio pelo amor, a concorrência pela solidariedade, a busca exclusiva do bem-estar pela cooperação, a opressão pela liberdade, a mentira religiosa e pseudocientífica pela verdade.

Em consequência:

1. Abolição da propriedade privada da terra, das matérias-primas e dos instrumentos de trabalho — para que ninguém disponha de meio de vida pela exploração do trabalho alheio —, e que todos, assegurados os meios de produção e de vida, sejam de fato independentes e possam associar-se livremente, uns aos outros, no interesse comum e conforme as simpatias pessoais.

2. Abolição do governo e de todo poder que faça a lei para impô-la aos outros: portanto, abolição das monarquias, repúblicas, parlamentos, exércitos, polícias, magistraturas e toda instituição que possua meios coercitivos.

3. Organização da vida social por meio das associações livres e das federações de produtores e consumidores, criadas e modificadas segundo a vontade dos membros, guiadas pela ciência e pela experiência, liberta de toda obrigação que não derive das necessidades naturais, às quais todos se submetem de bom grado quando reconhecem seu caráter inelutável.

4. Garantia dos meios de vida, de desenvolvimento, de bem--estar às crianças e a todos aqueles que são incapazes de prover sua existência.

5. Guerra às religiões e a todas as mentiras, mesmo que elas se ocultem sob o manto da ciência. Instrução científica para todos, até os graus mais elevados.

6. Guerra ao patriotismo. Abolição das fronteiras, fraternidade entre todos os povos.

7. Reconstrução da família, para que ela resulte da prática do amor, liberto de todo laço legal, de toda opressão econômica ou física, de todo preconceito religioso.

Tal é o nosso ideal.

VIAS E MEIOS

Até agora expusemos o objetivo que queremos atingir, o ideal pelo qual lutamos.

Mas não basta desejar uma coisa: se se quer obtê-la, é preciso, sem dúvida, empregar os meios adaptados à sua realização. E esses meios não são arbitrários: derivam necessariamente dos fins a que nos propomos e das circunstâncias nas quais lutamos. Enganando-nos na escolha dos meios, não alcançamos o objetivo contemplado, ao contrário, afastamo-nos dele rumo a realidades frequentemente opostas, e que são a consequência natural e necessária aos métodos que empregamos. Quem se põe a caminho e se engana de estrada, não vai aonde quer, mas aonde o conduz o caminho tomado.

É preciso dizer quais são os meios que, segundo nossa opinião, conduzem ao nosso ideal, e que tencionamos empregar.

Nosso ideal não é daqueles cuja plena realização depende do indivíduo considerado de modo isolado. Trata-se de mudar o modo de viver em sociedade: estabelecer entre os homens relações de amor e de solidariedade, realizar a plenitude do desenvolvimento material, moral e intelectual, não para o indivíduo isolado, não para os membros de certa classe ou de certo partido, mas para todos os seres humanos. Esta transformação não é medida que se possa impor pela força; deve surgir da consciência esclarecida de cada um, para se manifestar, de fato, pelo livre consentimento de todos.

Nossa primeira tarefa deve ser, portanto, persuadir as pessoas.

É necessário atrair a atenção dos homens para os males que sofrem, e para a possibilidade de destruí-los. É preciso que suscitemos em cada um a simpatia pelos sofrimentos alheios, e o vivo desejo pelo bem de todos.

A quem tem fome e frio, mostraremos que seria possível e fácil assegurar a todos a satisfação das necessidades materiais. A quem é oprimido e desprezado, diremos como se pode viver de modo feliz em uma sociedade de livres e iguais. A quem é atormentado pelo ódio e pelo rancor, indicaremos o caminho para encontrar o amor por seus semelhantes, a paz e a alegria do coração.

E quando tivermos obtido êxito em disseminar na alma dos homens o sentimento da revolta contra os males injustos e inevitáveis, dos quais se sofre na sociedade atual, e em fazer compreender quais são suas causas e como depende da vontade humana eliminá-las; quando tivermos inspirado o desejo vivo e ardente de transformar a sociedade para o bem de todos, então os convictos, por impulso próprio e pela persuasão daqueles que

PROGRAMA ANARQUISTA

os precederam na convicção, unir-se-ão, desejarão e poderão pôr em prática o ideal comum.

Seria — já o dissemos — absurdo e em contradição com nosso objetivo querer impor a liberdade, o amor entre os homens, o desenvolvimento integral de todas as faculdades humanas pela força. É preciso contar com a livre vontade dos outros, e a única coisa que podemos fazer é provocar a formação e a manifestação desta vontade. Mas seria da mesma forma absurdo e em contradição com nosso objetivo admitir que aqueles que não pensam como nós impedem-nos de realizar nossa vontade, visto que não os privamos do direito a uma liberdade igual à nossa.

Liberdade a todos para propagar e experimentar suas próprias ideias, sem outros limites senão os que resultam naturalmente da igual liberdade de todos.

Mas a isto se opõem, pela força brutal, os beneficiários dos privilégios atuais, que dominam e regulam toda a vida social presente.

Eles controlam todos os meios de produção: suprimem, assim, não apenas a possibilidade de aplicar novas formas de vida social, o direito dos trabalhadores de viverem livremente de seu trabalho, mas também o próprio direito à existência. Obrigam os não proprietários a se deixarem explorar e oprimir, se não quiserem morrer de fome.

Os privilegiados têm as polícias, as magistraturas, os exércitos, criados de propósito para defendê-los, e para perseguir, encarcerar, massacrar os oponentes.

Mesmo deixando de lado a experiência histórica — que nos demonstra que nunca uma classe privilegiada despojou-se, total ou parcialmente, de seus privilégios e que nunca um governo abandonou o poder sem ser obrigado a fazê-lo pela força —, os fatos contemporâneos bastam para convencer quem quer que seja de que os governos e os burgueses procuram usar a força material para sua defesa, não apenas contra a expropriação total, mas contra as mínimas reivindicações populares, e estão sempre

MALATESTA

prontos a recorrer às perseguições mais atrozes, aos massacres | 65
mais sangrentos.

Ao povo que quer se emancipar, só resta uma saída: opor
violência à violência.

Disso resulta que devemos trabalhar para despertar nos oprimidos o vivo desejo de uma transformação radical da sociedade,
e persuadi-los de que, unindo-se, possuem a força de vencer.
Devemos propagar nosso ideal e preparar as forças morais e
materiais necessárias para vencer as forças inimigas e organizar
a nova sociedade. Quando tivermos força suficiente, deveremos,
aproveitando as circunstâncias favoráveis que se produzirão, ou
que nós mesmos provocaremos, fazer a revolução social: derrubar pela força o governo, expropriar pela força os proprietários,
tornar comuns os meios de subsistência e de produção, e impedir
que novos governantes venham impor sua vontade e opor-se à
reorganização social, feita diretamente pelos interessados.

Tudo isso é menos simples do que parece à primeira vista.
Relacionamo-nos com os homens tais como são na sociedade
atual, em condições morais e materiais muito desfavoráveis; e
nos enganaríamos ao pensar que a propaganda é suficiente para
elevá-los ao patamar do desenvolvimento intelectual e moral
necessário à realização de nosso ideal.

Entre o homem e a ambiência social há uma ação recíproca.
Os homens fazem a sociedade tal como é, e a sociedade faz
os homens tais como são, resultando disso um tipo de círculo
vicioso: para transformar a sociedade é preciso transformar os
homens, e para transformar os homens é preciso transformar a
sociedade.

A miséria embrutece o homem e, para destruir a miséria,
é preciso que os homens possuam a consciência e a vontade. A
escravidão ensina os homens a serem servis, e para libertar-se
da escravidão é preciso homens que aspirem à liberdade. A
ignorância faz com que os homens não conheçam as causas de
seus males e não saibam remediar esta situação; para destruir

a ignorância, seria necessário que os homens tivessem tempo e meios de se instruírem.

O governo habitua as pessoas a sofrer a lei e a crer que ela é necessária à sociedade; para abolir o governo é preciso que os homens estejam persuadidos da inutilidade e da nocividade dele.

Como sair deste impasse?

Felizmente, a sociedade atual não foi formada pela clara vontade de uma classe dominante que teria sabido reduzir todos os dominados ao estado de instrumentos passivos, inconscientes de seus interesses. A sociedade atual é a resultante de mil lutas intestinas, mil fatores naturais e humanos, agindo ao acaso, sem direção consciente; enfim, não há nenhuma divisão clara, absoluta, entre indivíduos, nem entre classes.

As variedades das condições materiais são infinitas; infinitos os graus de desenvolvimento moral e intelectual. É até mesmo muito raro que a função de cada um na sociedade corresponda às suas faculdades e às suas aspirações. Com frequência, homens caem em condições inferiores àquelas que eram as suas; outros, por circunstâncias particularmente favoráveis, conseguem elevar-se acima do nível em que nasceram. Uma parte considerável do proletariado já conseguiu sair do estado de miséria absoluta, embrutecedora, a que nunca deveria ter sido reduzido. Nenhum trabalhador, ou quase nenhum, encontra-se em estado de inconsciência completa, de aquiescência total às condições criadas pelos patrões. E as próprias instituições, que são produtos da história, contêm contradições orgânicas que são como germes letais, cujo desenvolvimento traz a dissolução da estrutura social e a necessidade de sua transformação.

Assim, a possibilidade de progresso existe. Mas não a possibilidade de conduzir, somente pela propaganda, todos os homens ao nível necessário para que possamos realizar a anarquia, sem uma transformação gradual prévia do meio.

O progresso deve caminhar simultânea e paralelamente entre os indivíduos e no meio social. Devemos aproveitar todos os meios, todas as possibilidades, todas as ocasiões que o meio atual nos deixa para agir sobre os homens e desenvolver sua consciência e suas aspirações. Devemos utilizar todos os progressos realizados na consciência dos homens para levá-los a reclamar e a impor as maiores transformações sociais hoje possíveis, ou aquelas que melhor servirão para abrir caminho a progressos ulteriores.

Não devemos somente esperar poder realizar a anarquia; e, enquanto esperamos, limitar-nos à propaganda pura e simples. Se agirmos assim, teremos, em breve, esgotado nosso campo de ação. Teremos convencido, sem dúvida, todos aqueles a que as circunstâncias do meio atual tornam suscetíveis de compreender e aceitar nossas ideias, todavia, nossa propaganda ulterior permaneceria estéril. E, mesmo que as transformações do meio elevassem novas camadas populares à possibilidade de conceber novas ideias, isto aconteceria sem nosso trabalho, e mesmo contra, em prejuízo, como consequência, de nossas ideias.

Devemos fazer com que o povo, em sua totalidade e em suas diferentes frações, exija, imponha e realize, ele próprio, todas as melhorias, todas as liberdades que deseja, na medida que concebe a necessidade disso e que adquire a força para impô-las. Assim, propagando sempre nosso programa integral e lutando de forma incessante por sua completa realização, devemos incitar o povo a reivindicar e a impor cada vez mais, até que ele consiga a sua emancipação definitiva.

A LUTA ECONÔMICA

A opressão que hoje pesa de forma mais direta sobre os trabalhadores, e que é a causa principal de todas as sujeições morais e materiais que eles sofrem, é a opressão econômica, quer dizer, a exploração que os patrões e os comerciantes exercem sobre o trabalho, graças ao açambarcamento de todos os grandes meios de produção e de troca.

Para suprimir radicalmente e de uma vez por todas esta exploração, é preciso que o povo, em seu conjunto, esteja con-

PROGRAMA ANARQUISTA

vencido de que possui o uso dos meios de produção, e que aplica este direito primordial explorando aqueles que monopolizam o solo e a riqueza social, para colocá-los à disposição de todos.

Todavia, é possível passar direto, sem graus intermediários, do inferno onde vive hoje o proletariado, ao paraíso da propriedade comum? A prova de que o povo ainda não é capaz, é que ele não o faz. O que fazer para chegar à expropriação?

Nosso objetivo é preparar o povo, moral e materialmente, para esta expropriação necessária; é tentar e renovar a tentativa, tantas vezes quantas a agitação revolucionária nos der a ocasião para fazê-lo, até o triunfo definitivo. Mas de que maneira podemos preparar o povo? De que maneira podemos realizar as condições que tornarão possível, não somente o fato material da expropriação, mas a utilização, em vantagem de todos, da riqueza comum?

Nós dissemos mais acima que a propaganda, oral ou escrita, sozinha, é impotente para conquistar para as nossas ideias toda a grande massa popular. É preciso uma educação prática, que seja alternadamente causa e resultado da transformação gradual do meio. Devemos desenvolver pouco a pouco nos trabalhadores o senso da rebelião contra as sujeições e os sofrimentos inúteis dos quais são vítimas, e o desejo de melhorar suas condições. Unidos e solidários, lutarão para obter o que desejam.

E nós, como anarquistas e como trabalhadores, devemos incitá-los e encorajá-los à luta, e lutar com eles.

Mas estas melhorias são possíveis em regime capitalista? Elas são úteis do ponto de vista da futura emancipação integral pela revolução?

Quaisquer que sejam os resultados práticos da luta pelas melhorias imediatas, sua principal utilidade reside na própria luta. É por ela que os trabalhadores aprendem a defender seus interesses de classe, compreendem que os patrões e os governantes têm interesses opostos aos seus, e que não podem melhorar suas condições, e ainda menos se emancipar, senão unindo-se entre si e tornando-se mais fortes do que os patrões.

Se conseguirem obter o que desejam, viverão melhor. Ganharão mais, trabalharão menos, terão mais tempo e força para refletir sobre as coisas que os interessam; e eles sentirão de repente desejos e necessidades maiores. Se não obtiverem êxito, serão levados a estudar as causas de seu fracasso e a reconhecer a necessidade de maior união, maior energia; e compreenderão, enfim, que para vencer, segura e definitivamente, é preciso destruir o capitalismo. A causa da revolução, a causa da elevação moral dos trabalhadores e de sua emancipação só pode ganhar, visto que os operários unem-se e lutam por seus interesses.

Todavia, uma vez mais, é possível que os trabalhadores consigam, no estado atual em que as coisas se encontram, melhorar de fato suas condições? Isto depende do concurso de uma infinidade de circunstâncias. Apesar do que dizem alguns, não existe nenhuma lei natural (lei dos salários) que determine a parte que vai para o trabalhador sobre o produto de seu trabalho. Ou, se se quiser formular uma lei, ela não poderia ser senão a seguinte: o salário não pode descer *normalmente* abaixo do que é necessário à conservação da vida, e não pode *normalmente* se elevar ao ponto de não dar mais nenhum lucro ao patrão. É óbvio que, no primeiro caso, os operários morreriam, e, assim, não receberiam mais salário; no segundo caso, os patrões deixariam de fazer trabalhar e, em consequência, não pagariam mais nada. Mas entre estes dois extremos impossíveis, há uma infinidade de graus, que vão das condições quase animais de muitos trabalhadores agrícolas, até aquelas quase decentes dos operários, em boas profissões, nas grandes cidades.

O salário, a duração da jornada de trabalho e todas as outras condições de trabalho são o resultado das lutas entre patrões e operários. Os primeiros procuram pagar aos trabalhadores o mínimo possível e fazê-los trabalhar até o esgotamento completo; os outros se esforçam, ou deveriam se esforçar, em trabalhar o mínimo e ganhar o máximo possível. Onde os trabalhadores se contentam com qualquer coisa e, mesmo descontentes, não sabem opor resistência válida aos patrões, são em pouco tempo reduzidos à condição de vida quase animal. Ao contrário, onde têm elevada ideia do que deveriam ser as condições de existência dos seres humanos, onde sabem unir-se e, pela recusa ao trabalho e pela ameaça latente ou explícita da revolta, impor respeito aos patrões, são tratados de maneira relativamente suportável. Assim, pode-se dizer que, em certa medida, o salário é o que o operário exige, não enquanto indivíduo, mas enquanto classe.

Lutando, resistindo aos patrões, os assalariados podem opor-se, até certo ponto, ao agravamento de sua situação, e, até mesmo, obter melhorias reais. A história do movimento operário já demonstrou esta verdade.

Não se deve, contudo, exagerar o alcance destas lutas entre explorados e exploradores no terreno exclusivamente econômico. As classes dirigentes podem ceder, e cedem amiúde, às exigências operárias expressadas com energia, enquanto não são muito grandes. Entretanto, quando os assalariados começam — e é urgente que eles o façam — a reivindicar aumentos tais que absorveriam todo o lucro patronal e constituiriam, assim, uma expropriação indireta, é certo que os patrões apelariam ao governo e procurariam reconduzir os operários, pela violência, às condições de todos os escravos assalariados.

E antes, bem antes que os operários possam reivindicar o recebimento, em compensação ao seu trabalho, do equivalente a tudo que produziram, a luta econômica torna-se impotente para assegurar melhor destino.

Os operários produzem tudo, e sem o seu trabalho não se pode viver. Parece que, recusando trabalhar, os trabalhadores poderiam impor todas as suas vontades. Mas a união de todos os trabalhadores, mesmo de uma única profissão, em um único país, é dificilmente realizável: à união dos operários opõe-se a união dos patrões. Os primeiros vivem com o mínimo para sobreviver no dia a dia e, se fazem greve, falta-lhes o pão logo a seguir. Os outros dispõem, por meio do dinheiro, de tudo o que foi produzido; podem esperar que a fome reduza os assalariados à sua mercê. A invenção ou a introdução de novas máquinas torna inútil o trabalho de grande número de trabalhadores, aumentando o exército dos desempregados, que a fome obriga a se venderem a qualquer preço. A imigração traz, de repente, nos países onde as condições são mais favoráveis, multidões de trabalhadores famintos que, bem ou mal, dão ao patronato o meio de reduzir os salários. E todos estes fatos, resultando necessariamente do sistema capitalista, conseguem contrabalançar o progresso da consciência e da solidariedade operária. Amiúde, eles têm efeito mais rápido do que esse progresso que eles detêm e destroem. Desta forma, resta sempre este fato primordial segundo o qual a produção no sistema capitalista está organizada por cada empregador para seu proveito pessoal, não para satisfazer as necessidades dos trabalhadores.

A desordem, o desperdício das forças humanas, a penúria organizada, os trabalhos nocivos e insalubres, o desemprego, o abandono das terras, a subutilização das máquinas etc., são tantos males que não podemos evitar senão retirando dos capitalistas os meios de produção, e, consequentemente, a direção da produção.

Os operários que se esforçam para emancipar-se, ou aqueles que de fato procuram melhorar suas condições, devem rapidamente se defender do governo, atacá-lo, pois ele legitima e sustenta, pela força brutal, o direito de propriedade; ele é obstáculo ao progresso, obstáculo que deve ser destruído se não se quiser permanecer indefinidamente nas atuais condições, ou em outras ainda piores.

Da luta econômica deve-se passar à luta política, quer dizer, contra o governo. Em vez de opor aos milhões dos capitalistas os poucos centavos reunidos penosamente pelos operários, é preciso opor aos fuzis e aos canhões que defendem a propriedade os melhores meios que o povo encontrar para vencer a força pela força.

A LUTA POLÍTICA

Por luta política entendemos a luta contra o governo. O governo é o *conjunto* dos indivíduos que detêm o poder de fazer a lei e de impô-la aos governados, isto é, ao público.

O governo é a consequência do espírito de dominação e de violência que homens impuseram a outros homens, e, ao mesmo tempo, é a criatura e o criador dos privilégios, e também seu defensor natural.

É falso dizer que o governo desempenha hoje o papel de protetor do capitalismo, e que, este último tendo sido abolido, ele se tornaria o representante e o gerente dos interesses de todos. Antes de mais nada, o capitalismo não será destruído enquanto os trabalhadores, tendo se livrado do governo, não tiverem se apoderado de toda a riqueza social e organizado, eles próprios, a produção e o consumo, no interesse de todos, sem esperar que a iniciativa venha do governo, que, de resto, é incapaz de fazê-lo.

Se a exploração capitalista fosse destruída, e o princípio governamental conservado, então, o governo, distribuindo todos os tipos de privilégios, não deixaria de restabelecer um novo capitalismo. Não podendo contentar todo mundo, o governo necessitaria de uma classe economicamente poderosa para sustentá-lo, em troca da proteção legal e material que ela receberia dele.

Não se pode abolir os privilégios e estabelecer de modo definitivo a liberdade e a igualdade social sem pôr fim ao Governo, não a este ou àquele governo, mas à própria instituição governamental.

Nisso, assim como em tudo o que concerne ao interesse geral, e mais ainda a este último, é preciso o consentimento de todos. Eis porque devemos esforçar-nos para persuadir as pessoas de que o governo é inútil e nocivo, e de que se vive melhor sem ele. Mas, como já o dissemos, a propaganda sozinha é impotente para alcançar tudo isso; e se nos contentássemos com pregar contra o governo, esperando, de braços cruzados, o dia em que as pessoas estariam convencidas da possibilidade

e da utilidade de abolir por completo toda espécie de governo, | 73
este dia nunca chegaria.

Denunciando sempre esta espécie de governo, exigindo sempre a liberdade integral, devemos favorecer todo combate por liberdades parciais, convictos de que é pela luta que se aprende a lutar. Começando a experimentar a liberdade, acaba-se por desejá-la inteiramente. Devemos sempre estar com o povo; e quando não conseguirmos fazer com que deseje muito, devemos fazer com que, pelo menos, ele comece a exigir alguma coisa. E devemos nos esforçar para que ele aprenda a obter por si mesmo o que quer — pouco ou muito —, e a odiar e a desprezar quem quer que vá ou queira fazer parte do governo.

Visto que o governo detém, hoje, o poder de regular, por leis, a vida social, ampliar ou restringir a liberdade dos cidadãos, e visto que ainda não podemos arrancar-lhe esse poder, devemos procurar enfraquecê-lo e obrigá-lo a fazer uso dele o menos perigosamente possível. Todavia, esta ação, devemos fazê-la sempre de fora e contra o governo, pela agitação na rua, ameaçando tomar pela força o que se exige. Jamais deveremos aceitar uma função legislativa, seja ela nacional ou local, pois, assim agindo, diminuiríamos a eficácia de nossa ação e trairíamos o futuro de nossa causa.

A luta contra o governo consiste, em última análise, em luta física e material.

O governo faz a lei. Deve, portanto, dispor de força material (exército e polícia) para impor a lei. De outra forma, obedeceria quem quisesse, e não existiria mais lei, mas uma simples proposição, que qualquer um seria livre para aceitar ou recusar. Os governos possuem esta força e servem-se dela para reforçar sua dominação, no interesse das classes privilegiadas, oprimindo e explorando os trabalhadores.

O único limite à opressão governamental é a força que o povo se mostra capaz de opor-lhe. Pode haver conflito, aberto ou latente, mas sempre há conflito. Isso se dá porque o governo

PROGRAMA ANARQUISTA

não para diante do descontentamento e da resistência populares senão quando sente o perigo de uma insurreição.

Quando o povo submete-se docilmente à lei, ou o protesto permanece fraco e platônico, o governo acomoda-se, sem se preocupar com as necessidades do povo. Quando o protesto é vivo, insiste e ameaça, o governo, segundo seu humor, cede ou reprime. Mas é preciso sempre chegar à insurreição, porque se o governo não cede, o povo acaba por rebelar-se; e se ele cede, o povo adquire confiança em si mesmo e exige cada vez mais, até que a incompatibilidade entre a liberdade e a autoridade seja evidente e desencadeie o conflito.

É necessário preparar-se moral e materialmente para que, quando a luta violenta eclodir, a vitória fique com o povo.

A insurreição vitoriosa é o fato mais eficaz para a emancipação popular, porque o povo, depois de ter destruído o jugo, torna-se livre para entregar-se às instituições que ele crê serem as melhores. A distância que existe entre a lei (sempre retardatária) e o nível de civismo que a massa da população alcançou, pode ser superada com um salto. A insurreição determina a revolução, isto é, a atividade rápida das forças latentes acumuladas durante a evolução precedente.

Tudo depende do que o povo é capaz de querer.

Nas insurreições passadas, o povo, inconsciente das verdadeiras causas de seus males, sempre quis bem pouco, e conseguiu bem pouco.

O que desejará nas próximas insurreições?

Isso depende em grande parte do valor de nossa propaganda e da energia que formos capazes de mostrar.

Deveremos incitar o povo a expropriar os proprietários e a tornar comuns seus bens, organizar, ele próprio, a vida social, por associações livremente constituídas, sem esperar ordens de ninguém, recusar nomear ou reconhecer qualquer governo e qualquer corpo constituído (assembleia, ditadura etc.) que se atribuíssem, mesmo a título provisório, o direito de fazer a lei e impor aos outros sua vontade, pela força.

Se a massa popular não responde ao nosso apelo, deveremos, em nome do direito que temos de ser livres, mesmo se os outros desejarem permanecer escravos, para dar o exemplo, aplicar o máximo possível nossas ideias: não reconhecer o novo governo, manter viva a resistência, fazer com que as comunas, onde nossas ideias são recebidas com simpatia, rejeitem toda ingerência governamental e continuem a viver a seu modo.

Deveremos, principalmente, opor-nos por todos os meios à reconstituição da polícia e do exército, e aproveitar toda ocasião propícia para incitar os trabalhadores a utilizar a falta de forças repressivas para impor o máximo de reivindicações.

Qualquer que seja o resultado da luta, é preciso continuar a combater, sem trégua, os proprietários, os governantes, tendo sempre em vista a completa emancipação econômica e moral de toda a humanidade.

CONCLUSÃO

Desejamos abolir de forma radical a dominação e a exploração do homem pelo homem. Queremos que os homens, unidos fraternalmente por uma solidariedade consciente, cooperem de modo voluntário com o bem-estar de todos. Queremos que a sociedade seja constituída com o objetivo de fornecer a todos os meios de alcançar igual bem-estar possível, o maior desenvolvimento possível, moral e material. Desejamos para todos pão, liberdade, amor e saber.

Para isso, estimamos necessário que os meios de produção estejam à disposição de todos e que nenhum homem, ou grupo de homens, possa obrigar outros a obedecerem à sua vontade, nem exercer sua influência de outro modo senão pela argumentação e pelo exemplo.

Em consequência: expropriação dos detentores do solo e do capital em proveito de todos e abolição do governo.

Enquanto se espera: propaganda do ideal; organização das forças populares; combate contínuo, pacífico ou violento, segundo as circunstâncias, contra o governo e contra os proprietários, para conquistar o máximo possível de liberdade e bem-estar para todos.

UM POUCO DE TEORIA
1892

Sopra um vento de revolta em todos os lugares. A revolta é aqui a expressão de uma ideia, lá o resultado de uma necessidade; com mais frequência é a consequência de uma mistura de necessidades e ideias que se engendram e se reforçam umas às outras. Desencadeia-se contra a causa dos males ou a ataca de modo indireto, é consciente e instintiva, humana ou brutal, generosa ou muito egoísta, mas de qualquer modo, é a cada dia maior e amplia-se incessantemente.

É a marcha da história. É, portanto, inútil perder tempo a lamentar quanto aos caminhos que escolheu, pois estes são traçados por toda uma evolução anterior.

Mas a história é feita pelos homens. Tendo em vista que não queremos permanecer simples espectadores indiferentes à tragédia histórica, que queremos participar com todas as nossas forças das escolhas dos acontecimentos que nos parecem mais favoráveis à nossa causa, é-nos preciso um critério que sirva de guia na apreciação dos fatos que se desenrolam, sobretudo para poder escolher o posto que devemos ocupar na batalha.

O fim justifica os meios. Denegriu-se muito esta máxima: ela é, contudo, uma regra universal de conduta. Seria melhor dizer: todo fim requer seus meios, visto que a moral deve ser buscada no objetivo, os meios são fatais.

Uma vez determinado o objetivo que se quer atingir, voluntária ou necessariamente, o grande problema da vida consiste em encontrar o meio que, segundo as circunstâncias, conduzirá de forma mais segura e econômica ao objetivo fixado. O modo como se resolve o problema — desde que isso dependa da vontade humana — determina que um homem ou um partido

UM POUCO DE TEORIA

atinja ou não seu objetivo, sirva sua causa ou, sem querer, a do inimigo. Encontrar o bom meio, tal é o segredo dos grandes homens e dos grandes partidos que deixaram marcas na história.

O objetivo dos jesuítas é, para os místicos, a glória de Deus, para os outros, a glória da Companhia. Eles se esforçam para embrutecer as massas, aterrorizá-las e subjugá-las.

O objetivo dos jacobinos e de todos os partidos autoritários — que pensam estar de posse da verdade absoluta — é impor suas ideias à massa dos profanos. Eles devem esforçar-se para tomar o poder, dominar as massas e coagir a humanidade a sofrer as torturas de suas concepções.

Quanto a nós, o problema é diferente: nosso objetivo sendo muito distinto, nossos meios devem sê-lo da mesma forma.

Nós não lutamos para tomar o lugar dos exploradores, tampouco para o triunfo de uma abstração vazia. Nada temos de comum com o patriota italiano que dizia: "Que importa que todos os italianos morram de fome se a Itália se torna grande e gloriosa!"; tampouco com o camarada que reconhecia ser-lhe indiferente que se massacrassem três quartos da humanidade, desde que a humanidade fosse livre e feliz.

Nós desejamos a liberdade e o bem-estar de todos os homens, de todos os homens sem exceção. Queremos que cada ser humano possa se desenvolver e viver do modo mais feliz possível. E acreditamos que esta liberdade e este bem-estar não poderão ser dados nem por um homem, nem por um partido, mas todos deverão descobrir neles mesmos suas condições, e conquistá-las. Consideramos que somente a mais completa aplicação do princípio da solidariedade pode destruir a luta, a opressão e a exploração, e a solidariedade só pode nascer do livre acordo, da harmonização espontânea e desejada dos interessados.

Segundo nosso ponto de vista, tudo o que tende a destruir a opressão econômica e política, tudo o que serve para elevar o nível moral e intelectual dos homens, para dar-lhes consciência de seus direitos e de suas forças, e para persuadi-los a fazer uso destas e daqueles, tudo o que provoca o ódio contra o opressor e suscita o amor entre os homens, aproxima-nos de nosso objetivo e é, portanto, um bem, sujeito a um cálculo quantitativo a fim de obter, com uma dada força, o máximo de efeito positivo. Ao contrário, o mal consiste no que está em contradição com nosso objetivo, tudo o que tende a conservar o Estado atual, tudo o que tende a sacrificar, contra a sua vontade, um homem ao triunfo de um princípio.

Nós queremos o triunfo da liberdade e do amor.

Devemos, todavia, renunciar ao emprego de meios violentos? De forma alguma. Nossos meios são aqueles que as circunstâncias nos permitem e nos impõem.

Evidentemente, não queremos tocar sequer num fio de cabelo de alguém, enxugando as lágrimas de todos, sem fazer verter nenhuma. Mas é necessário combater no mundo tal como ele é, sob pena de permanecermos sonhadores estéreis.

Virá o dia, estamos intimamente persuadidos, em que será possível fazer o bem aos homens sem fazer mal, nem a si mesmo, nem ao próximo; mas hoje é impossível. Mesmo o mais puro e o mais dócil dos mártires, aquele que se deixaria levar ao cadafalso pelo triunfo do bem, sem resistir, abençoando seus perseguidores como o Cristo da lenda, mesmo ele faria mal. Além do mal que faria a si mesmo, mas é assim, faria verter lágrimas amargas a todos aqueles que o amassem.

Trata-se sempre, em cada ato, de escolher o menor mal, tentar fazer o mínimo de mal pela maior quantidade de bem possível.

A humanidade arrasta-se penosamente sob o peso da opressão política e econômica; ela é embrutecida, degenerada e morta (nem sempre de forma lenta) pela miséria, pela escravidão, pela ignorância e seus efeitos. Esta situação é mantida por poderosas organizações militares e policiais, que respondem pela prisão, pelo cadafalso e pelo massacre a toda tentativa de mudança. Não há meios pacíficos, legais, para sair desta situação. É natural, porque a lei é feita pelos privilegiados para defender

UM POUCO DE TEORIA

expressamente seus privilégios. Contra a força física que barra o caminho, não há outra saída para vencer senão a força física, a revolução violenta.

Sem nenhuma dúvida, a revolução produzirá numerosas infelicidades, muitos sofrimentos; mas, mesmo que ela produzisse cem vezes mais, seria uma bênção em relação a todas as dores hoje engendradas pela má formação da sociedade.

Sabe-se que numa única batalha morrem mais pessoas do que na mais sangrenta das revoluções; que milhões de crianças morrem anualmente muito cedo, por falta de cuidados; que milhões de proletários morrem a cada ano, prematuramente, em consequência da miséria. Conhece-se a vida raquítica, sem alegrias e sem esperanças que leva a maioria dos homens. Mesmo os mais ricos e os mais poderosos são menos felizes do que poderiam ser numa sociedade igualitária. Este estado de coisas perdura desde tempos imemoriais. Isto duraria sem a revolução que combate resolutamente os males em suas raízes e pode colocar de uma vez por todas a humanidade no caminho de seu bem-estar.

Boas-vindas, portanto, à revolução: cada dia de atraso inflige à humanidade mais uma enorme massa de sofrimentos. Esforcemo-nos e trabalhemos para que ela chegue rapidamente e consiga acabar para sempre com todas as opressões e explorações.

É por amor aos homens que somos revolucionários: não é nossa culpa se a história nos obriga a esta dolorosa necessidade.

Assim, para nós anarquistas, ou pelo menos (visto que as palavras são, em definitivo, convencionais) entre os anarquistas que pensam como nós, todo ato de propaganda ou de realização, pelo discurso ou pelos fatos, individual ou coletivo, é bom se serve para aproximar e para facilitar a vinda da revolução, se lhe assegura o apoio consciente das massas e lhe dá caráter de libertação universal; sem estes aspectos poderia ocorrer uma revolução, mas não a que desejamos. É principalmente no fato revolucionário que é preciso utilizar meios econômicos, pois o gasto se dá em vidas humanas.

Conhecemos bem as condições materiais e morais dolorosas em que se encontra o proletariado para nos explicarmos os atos de ódio, de vingança, e até mesmo de ferocidade, que poderão ocorrer. Compreendemos que haverá oprimidos que — tendo sido sempre tratados pelos burgueses com a mais ignóbil dureza e tendo sempre visto que tudo é permitido para o mais forte — dirão um dia depois de se terem tornado os mais fortes: "Ajamos também como burgueses". Compreendemos que isso possa ocorrer, na febre da batalha, em naturezas generosas, mas necessitadas de preparação moral — muito difícil de adquirir nos dias de hoje — que podem perder de vista o objetivo a ser alcançado e tomem a violência como um fim em si e se deixem levar por atos selvagens.

Uma coisa é compreender, outra coisa perdoar certos fatos, reivindicá-los, ser solidário com eles. Não podemos aceitar, encorajar e imitar tais atos. Devemos ser resolutos e enérgicos, mas devemos igualmente nos esforçar para nunca ultrapassar os limites necessários. Devemos fazer como o cirurgião que corta o que é preciso, evitando sofrimentos inúteis. Numa palavra, devemos ser inspirados e guiados pelo sentimento de amor pelos homens, todos os homens.

Parece-nos que o sentimento de amor é o fundo moral, a alma de nosso programa. É somente concebendo a revolução como a maior alegria humana, como libertação e fraternização dos homens — qualquer que haja sido a classe ou o partido aos quais eles pertencem — que nosso ideal pode se realizar.

A rebelião brutal certamente aparecerá e poderá servir, também, para dar o grande empurrão, o último empurrão que deverá derrubar o sistema atual; mas se ela não encontra o contrapeso dos revolucionários que agem por um ideal, tal revolução devorará a si mesma.

O ódio não produz o amor, e com o ódio não se renova o mundo. A revolução pelo ódio seria um fracasso completo ou então engendraria uma nova opressão, que poderia se chamar até mesmo anarquista, assim como os homens de Estado atuais se dizem liberais, mas nem por isso deixaria de ser uma opressão e não deixaria de produzir os efeitos que toda opressão causa.

O OBJETIVO DOS ANARQUISTAS
La Questione Sociale, 1899

O QUE devemos fazer?

Tal é o problema que se nos apresenta, a nós e a todos aqueles que querem realizar e defender suas ideias, a todo momento em sua vida militante.

Queremos abolir a propriedade individual e a autoridade, isto é, expropriar os proprietários da terra e do capital, derrubar o governo, e colocar à disposição de todos a riqueza social, a fim de que todos possam viver a seu modo, sem outros limites senão aqueles impostos pelas necessidades, livre e voluntariamente reconhecidas e aceitas. Em resumo, realizar o programa socialista-anarquista. *E estamos convencidos (a experiência cotidiana nos confirma) de que se os proprietários e o governo dominam graças à força física, devemos, necessariamente, para vencê-los, recorrer à força física, à revolução violenta.* Somos inimigos de todas as classes privilegiadas e de todos os governos, e adversários de todos aqueles que tendem, mesmo de boa-fé, a enfraquecer as energias revolucionárias do povo e a substituir um governo por outro.

Mas o que devemos fazer para estar em condições de realizar nossa revolução, a revolução contra todo privilégio e toda autoridade, e triunfar?

A melhor tática seria fazer, sempre e em todos os lugares, propaganda de nossas ideias e desenvolver no proletariado, por todos os meios possíveis, o espírito de associação e de resistência, e suscitar cada vez mais grandes reivindicações; combater continuamente todos os partidos burgueses e todos os partidos autoritários, permanecendo indiferentes a suas querelas; *organizar-nos* com aqueles que estão convencidos ou se conven-

O OBJETIVO DOS ANARQUISTAS

cem de nossas ideias, adquirir os meios materiais necessários ao combate e, quando formos uma força suficiente para vencer, lançarmo-nos sós, por nossa conta, para efetuar por completo nosso programa, mais exatamente, conquistar para cada um a liberdade total de experimentar, praticar e modificar pouco a pouco o modo de vida social que se acreditar ser o melhor.

Todavia, esta tática não pode ser aplicada de modo rigoroso e é incapaz de alcançar seu objetivo. A propaganda possui uma eficácia limitada, e em um setor absolutamente condicionado de forma moral e material para aceitar e compreender certo tipo de ideias. As palavras e os escritos são pouco poderosos enquanto uma transformação do meio não conduzir o povo à possibilidade de apreciar estas novas ideias. A eficácia das organizações operárias é igualmente limitada pelas mesmas razões que se opõem à extensão indefinida de nossa propaganda, e não apenas por causa da situação econômica e moral que enfraquece ou neutraliza por completo os efeitos da tomada de consciência de certos trabalhadores.

Uma organização vasta e forte, na propaganda e na luta, encontra mil dificuldades: nós mesmos, a falta de meios, e principalmente a repressão governamental. Mesmo supondo que seja possível chegar, pela propaganda e pela *organização*, a fazer nossa revolução socialista-anarquista, há todos os dias situações políticas onde devemos intervir sob pena de perder vantagens para nossa propaganda e toda a influência sobre o povo, arriscar destruir o trabalho realizado e tornar mais difícil o futuro.

O problema é encontrar o meio de determinar, na medida do possível, as mudanças de situação necessárias ao progresso de nossa propaganda e aproveitarmos as rivalidades entre os diferentes partidos políticos, cada vez que a oportunidade se apresentar, sem renunciar a nenhum postulado de nosso programa, para facilitar e aproximar o triunfo.

Na Itália, por exemplo, a situação é tal que é impossível, a maior ou menor prazo (1899), que haja uma insurreição contra a monarquia. É certo que, por outro lado, o resultado disso não será o socialismo-anarquismo. Devemos tomar parte da preparação e da realização desta insurreição? Alguns camaradas pensam que não temos nenhum interesse em fazer parte de movimento que não tocará na propriedade privada e só servirá para mudar de governo, quer dizer, uma república, que não será menos burguesa que a monarquia.

Deixemos, dizem eles, os burgueses e os aspirantes ao poder "furarem-se mutuamente a pele" e continuemos nossa propaganda contra a propriedade e a autoridade.

Entretanto, a consequência de nossa recusa seria, em primeiro lugar, que, sem nós, a insurreição teria menos chances de triunfar. Assim, a monarquia ganharia, o que no momento em que a luta pela vida torna-se feroz, obstruiria o caminho à propaganda e a todo progresso. Além do mais, estando ausentes do movimento, não teríamos nenhuma influência sobre os acontecimentos ulteriores, não poderíamos aproveitar as oportunidades que sempre se apresentariam num período de transição entre um regime e outro, cairíamos no descrédito como partido de ação e não poderíamos, durante muitos anos, fazer algo de importante.

Não se trata de deixar os burgueses lutarem entre si, porque numa insurreição a força é sempre dada pelo povo, e se não dividirmos com os combatentes os perigos e os sucessos tentando transformar o movimento político em revolução social, o povo servirá apenas de instrumento nas mãos ambiciosas dos aspirantes ao poder.

Em compensação, participando da insurreição (que não somos bastante fortes para lançar sozinhos) e agindo o máximo possível, ganharemos a simpatia do povo insurreto e poderemos fazer avançar as coisas o máximo possível.

Sabemos muito bem, e não cessamos de dizê-lo e demonstrá--lo, que a república e a monarquia são idênticas e que todos os governos têm tendência a aumentar seu poder e a oprimir cada vez mais os governados. Mas também sabemos que quanto mais

O OBJETIVO DOS ANARQUISTAS

fraco é um governo, mais forte é a resistência do povo, maiores são a liberdade e a possibilidade de progresso. Contribuindo de modo eficaz para a queda da monarquia, poderíamos opor-nos com maior ou menor eficácia à consolidação de uma república, poderíamos permanecer armados, recusar obedecer ao governo, e tentar expropriações e organizações anarquistas da sociedade. Poderíamos impedir que a revolução estancasse desde o início, e que as energias do povo, despertadas pela insurreição, adormecessem novamente. Tudo isso são coisas que não poderíamos fazer, por razões evidentes de psicologia, para com o povo, intervindo depois da revolução e da vitória contra a monarquia, sem a nossa participação.

Levados por esses motivos, outros camaradas gostariam que parássemos provisoriamente a propaganda anarquista, para nos ocuparmos com o combate contra a monarquia e, após o triunfo da insurreição, recomeçarmos nosso trabalho específico de anarquistas. Eles não veem que se nos confundíssemos com os republicanos faríamos o trabalho da futura república, desorganizando nossos grupos, semeando a confusão, sem poder impedir em seguida o reforço da república.

Entre estes dois erros, o caminho a seguir parece-nos claro. Devemos posicionar-nos com os republicanos, os social-democratas e todo partido antimonarquista para derrubar a monarquia. Mas devemos ser, enquanto anarquistas, pela anarquia, sem romper nossas forças nem confundi-las com a dos outros, sem fazer compromissos para além da cooperação na ação militar.

Somente assim, segundo nossa opinião, podemos obter, quando dos próximos acontecimentos, todas as vantagens de uma aliança com os outros partidos antimonarquistas, sem renunciarmos em nada ao nosso programa.

A ORGANIZAÇÃO
DAS MASSAS OPERÁRIAS
contra o governo e os patrões
L'Agitazione, 1897

NÓS JÁ O REPETIMOS: sem organização, livre ou imposta, não pode existir sociedade; sem organização consciente e desejada, não pode haver nem liberdade, nem garantia de que os interesses daqueles que vivem em sociedade sejam respeitados. E quem não se organiza, quem não procura a cooperação dos outros e não oferece a sua, em condições de reciprocidade e solidariedade, põe-se necessariamente em estado de inferioridade e permanece uma engrenagem inconsciente no mecanismo social que outros acionam a seu modo, e em sua vantagem.

Os trabalhadores são explorados e oprimidos porque, estando desorganizados em tudo que concerne à proteção de seus interesses, são coagidos, pela fome ou pela violência brutal, a fazer o que os dominadores, em proveito dos quais a sociedade atual está organizada, querem. Os trabalhadores se oferecem, eles próprios (enquanto soldado e capital), à força que os subjuga. Nunca poderão se emancipar enquanto não tiverem encontrado na união a força moral, a força econômica e a força física que são necessárias para abater a força organizada dos opressores.

Houve anarquistas, e ainda os há, que, mesmo reconhecendo a necessidade de organização na sociedade futura e a necessidade de se organizar agora para a propaganda e para a ação, são hostis a qualquer organização que não tenha por objetivo direto a anarquia e não siga os métodos anarquistas. E alguns se afastaram de todas as associações operárias que propunham

A ORGANIZAÇÃO DAS MASSAS OPERÁRIAS

a resistência e a melhoria das condições na ordem atual das coisas, ou se associaram com o objetivo declarado de desorganizá--las; outros, ainda que admitindo que se podia fazer parte das associações de resistência existentes, consideraram quase uma defecção tentar organizar novas associações.

Para esses camaradas, todas as forças, organizadas em um objetivo que não fosse radicalmente revolucionário, seriam, talvez, subtraídas à revolução. Acreditamos, ao contrário, e a experiência já nos mostrou isso muito bem, que seu método condenaria o movimento anarquista a uma perpétua esterilidade.

Para se fazer propaganda é preciso estar no meio das pessoas. É nas associações operárias que o trabalhador encontra seus camaradas e, em princípio, aqueles que estão mais dispostos a compreender e a aceitar nossas ideias. E mesmo que se quisesse fazer intensa propaganda fora das associações, isso não poderia ter efeito sensível sobre a massa operária. Excetuando um pequeno número de indivíduos mais instruídos e capazes de reflexões abstratas e de entusiasmos teóricos, o operário não pode chegar de uma só vez à anarquia. Para se tornar anarquista, de modo sério, e não somente de nome, é preciso que comece a sentir a solidariedade que o une a seus camaradas, é preciso que aprenda a cooperar com os outros na defesa dos interesses comuns e que, lutando contra os patrões, compreenda que patrões e capitalistas são parasitas inúteis e que os trabalhadores poderiam assumir a administração social. Quando compreende isso, o trabalhador é anarquista, mesmo que não carregue o nome.

Por outro lado, favorecer as organizações populares de todos os tipos é a consequência lógica de nossas ideias fundamentais e, assim, deveria fazer parte integrante de nosso programa.

Um partido autoritário, que visa a controlar o povo para impor suas ideias, tem interesse em que o povo permaneça massa amorfa, incapaz de agir por si mesma e, consequentemente, sempre fácil de dominar. É lógico, portanto, que só deseje um certo nível de organização, segundo a forma que ajude na tomada do poder: organização eleitoral, se espera atingir seu objetivo pela via legal; organização militar, se conta com a ação violenta.

Nós, anarquistas, não queremos *emancipar* o povo, queremos que o povo se *emancipe*. Nós não acreditamos no fato imposto, de cima, pela força; queremos que o novo modo de vida social saia das entranhas do povo e corresponda ao grau de desenvolvimento atingido pelos homens e possa progredir à medida que os homens avançam. Desejamos que todos os interesses e todas as opiniões encontrem, em uma organização consciente, a possibilidade de se colocar em evidência e influenciar a vida coletiva, na proporção de sua importância.

Nós nos demos como objetivo lutar contra a atual organização social e destruir os obstáculos que se opõem à realização de uma nova sociedade, onde a liberdade e o bem-estar estarão assegurados a todos. Para perseguir esse objetivo, unimo-nos em partido e procuramos nos tornar os mais numerosos e os mais fortes. Mas os outros também estão organizados em partido.

Se os trabalhadores permanecessem isolados como tantas unidades indiferentes umas das outras, ligadas a uma cadeia comum; se nós mesmos não estivéssemos organizados com os trabalhadores enquanto trabalhadores, não poderíamos chegar a lugar algum, ou, no melhor dos casos, poderíamos apenas nos impor... e então não seria o triunfo da anarquia, mas o nosso. E não poderíamos mais nos dizer anarquistas, seríamos simples governantes, incapazes de fazer o bem, como todos os governantes.

Fala-se com frequência de revolução e acredita-se por esta palavra resolver todas as dificuldades. Mas o que deve ser, o que pode ser essa revolução à qual aspiramos?

Abater os poderes constituídos e declarar extinto o direito de propriedade, é desejável: um partido pode fazê-lo, se bem que, para isso, é ainda preciso que esse partido, além de suas forças, conte com a simpatia das massas e com uma suficiente preparação da opinião pública.

Todavia, e depois? A via social não admite interrupções.

A ORGANIZAÇÃO DAS MASSAS OPERÁRIAS

Durante a revolução ou a insurreição, como queiram, e imediatamente após, é preciso comer, vestir-se, viajar, imprimir, tratar dos doentes etc., e estas coisas não se fazem por si mesmas. Hoje, o governo e os capitalistas as organizam para delas tirar proveito; quando eles tiverem sido abatidos, será preciso que os próprios operários o façam em proveito de todos, senão verão surgir, sob um nome ou outro, novos governantes e novos capitalistas.

E como os operários poderiam prover as necessidades urgentes se eles não estão agora habituados a se reunir e a discutir, juntos, os interesses comuns, e ainda não estão prontos, de certo modo, a aceitar a herança da velha sociedade?

Em uma cidade na qual os cerealistas e os donos de padarias tiverem perdido seus direitos de propriedade e, por conseguinte, o interesse em abastecer o mercado, será preciso, a partir do dia seguinte, encontrar nas padarias o pão necessário à alimentação do público. Quem pensará nisso se os empregados das padarias já não estiverem associados e prontos a trabalhar sem os patrões, e se, esperando a revolução, eles não tiverem pensado de antemão em calcular as necessidades da cidade e os meios de abastecê-la?

Entretanto, nós não queremos dizer que para fazer a revolução seja preciso esperar que todos os operários estejam organizados. Seria impossível, tendo em vista as condições do proletariado, e felizmente não é necessário. Mas é preciso que pelo menos haja núcleos em torno dos quais as massas possam reagrupar-se rapidamente, tão logo elas sejam liberadas do peso que as oprime.

Se é utopia querer fazer a revolução somente quando estivermos todos prontos e de acordo, é ainda mais utópico querer fazê-la sem nada e ninguém. É preciso uma medida em tudo. Enquanto esperamos, trabalhemos para que as forças conscientes e organizadas do proletariado cresçam tanto quanto seja possível. O resto virá por si só.

OS ANARQUISTAS
E O SENTIMENTO MORAL
Le Réveil, 1904

O NÚMERO daqueles que se dizem anarquistas é tão grande, hoje, e sob o nome de anarquia expõem-se doutrinas tão divergentes e contraditórias que estaríamos errados em nos surpreendermos quando o público, de forma alguma familiarizado com nossas ideias, não podendo distinguir de imediato as grandes diferenças que se escondem sob a mesma palavra, permanece indiferente em relação à nossa propaganda e também ressente uma certa desconfiança em relação a nós.

Não podemos, é óbvio, impedir os outros de se atribuírem o nome que eles escolhem. Quanto a nós mesmos renunciarmos à denominação de anarquistas, isto de nada serviria, pois o público simplesmente acreditaria que teríamos virado casaca.

Tudo o que podemos e devemos fazer é distinguirmo-nos sem dubiedade daqueles que têm uma concepção da anarquia diferente da nossa, e extraem desta mesma concepção teórica consequências práticas absolutamente opostas àquelas que extraímos. E a distinção deve resultar da exposição clara de nossas ideias, e da repetição franca e incessante de nossa opinião sobre todos os fatos que estão em contradição com nossas ideias e nossa moral, sem considerações por uma pessoa ou por um partido qualquer. Esta pretensa solidariedade de partido entre pessoas que não pertenciam ou não teriam podido pertencer ao mesmo partido, foi sem dúvida uma das causas principais da confusão.

Ora, chegamos a tal ponto que muitos exaltam-nos camaradas as mesmas ações que censuram nos burgueses, e parece que seu único critério do bem ou do mal consiste em saber se o autor

OS ANARQUISTAS E O SENTIMENTO MORAL

de tal ou qual ato se diz ou não anarquista. Um grande número de erros conduziu alguns a se contradizerem abertamente, na prática, com os princípios que professam em teoria, e outros a suportar tais contradições; assim também, um grande número de causas conduziram, ao nosso meio, pessoas que no fundo zombam do socialismo, da anarquia e de tudo o que ultrapassa os interesses de suas pessoas.

Não posso empreender aqui uma análise metódica e completa de todos estes erros, e também me limitarei a tratar daqueles que mais me chocaram.

Falemos antes de mais nada da moral.

Não é raro encontrar anarquistas que *negam a moral*. Inicialmente, é um simples modo de falar, para estabelecer que do ponto de vista teórico eles não admitem moral absoluta, eterna e imutável, e que, na prática, revoltam-se contra a moral burguesa, que sanciona a exploração das massas e golpeia todos os atos que lesam ou ameaçam os interesses dos privilegiados. Em seguida, pouco a pouco, como acontece em muitos casos, tomam a figura retórica como expressão exata da verdade. Esquecem que, na moral habitual, ao lado das regras inculcadas pelos padres e pelos patrões para assegurar sua dominação, há outras que formam mesmo a maior e a mais substancial parte, sem as quais toda coexistência social seria impossível; — eles esquecem que se revoltar contra toda regra imposta pela força não quer dizer em absoluto renunciar a toda reserva moral e a todo sentimento de obrigação para com os outros; — esquecem que para combater de modo racional certa moral, é preciso opor-lhe, em teoria e prática, outra moral superior: e acabam, algumas vezes, seu temperamento e as circunstâncias ajudando, por se tornarem *imorais* no sentido absoluto da palavra, isto é, homens sem regra de conduta, sem critério para guiar suas ações, que cedem passivamente ao impulso do momento. Hoje, privam-se de pão para socorrer um camarada; amanhã, matarão um homem para ir ao bordel!

A moral é a regra de conduta que cada homem considera

como boa. Pode-se achar má a moral dominante de tal época, de tal país ou de tal sociedade, e achamos, com efeito, a moral burguesa mais do que má; mas não se poderia conceber uma sociedade sem qualquer moral, nem homem consciente que não tenha critério algum para julgar o que é bom e o que é mal, para si mesmo e para os outros.

Quando combatemos a sociedade atual, opomos à moral burguesa individualista, a moral da luta e da solidariedade, e procuramos estabelecer instituições que correspondam à nossa concepção das relações entre os homens. Se fosse de outra forma, por que não acharíamos correto que os burgueses explorem o povo?

Outra afirmação nociva, sincera em alguns, mas que, para outros, é apenas desculpa, é que o meio social atual não permite que se seja moral, e que, consequentemente, é inútil tentar esforços destinados a permanecerem sem sucesso; o melhor a fazer, é tirar das circunstâncias atuais o máximo possível para si mesmo sem se preocupar com o próximo, exceto a mudar de vida quando a organização social tiver também mudado. Certamente, todo anarquista, todo socialista compreende as fatalidades econômicas que, hoje, obrigam o homem a lutar contra o homem; e ele vê, como bom observador, a impotência da revolta pessoal contra a força preponderante do meio social. Mas é igualmente verdade que, sem a revolta do indivíduo, associando-se a outros indivíduos revoltados para resistir ao meio e procurar transformá-lo, este meio nunca mudará.

Somos todos, sem exceção, obrigados a viver, mais ou menos, em contradição com nossas ideias; mas somos socialistas e anarquistas precisamente porque, ao sofrermos esta contradição, procuramos, tanto quanto possível, torná-la menor. No dia em que nos adaptássemos ao meio, não mais teríamos, é óbvio, vontade de transformá-lo, e nos tornaríamos simples burgueses; burgueses sem dinheiro talvez, mas não menos burgueses nos atos e nas intenções.

A ORGANIZAÇÃO I
L'Agitazione, 1897

Há anos que muito se discute entre os anarquistas esta questão. E como frequentemente acontece quando se discute com ardor à procura da verdade, acredita-se, em seguida, ter razão. Quando as discussões teóricas são apenas tentativas para justificar uma conduta inspirada por outros motivos, produz-se uma grande confusão de ideias e de palavras.

Lembremos, de passagem, sobretudo para nos livrarmos delas, as frases de efeito empregadas, e que, às vezes, atingiram o cúmulo do ridículo, como, por exemplo: "Não queremos a organização, mas a harmonização", "Opomo-nos à associação, mas a admitimos", "Não queremos secretário ou caixa, porque é um sinal de autoritarismo, mas encarreguemos um camarada para se ocupar do correio e outro do dinheiro"; passemos à discussão séria.

Se não pudermos concordar, tratemos pelo menos de compreendermo-nos.

Antes de mais nada, distingamos, visto que a questão é tripla: a organização em geral, como princípio e condição da vida social, hoje e na sociedade futura; a organização do partido anarquista e a organização das forças populares, e, em particular, a das massas operárias, para resistir ao governo e ao capitalismo.

A necessidade de organização na vida social — direi que organização e sociedade são quase sinônimos — é algo tão evidente que mal se pode crer que pudesse ter sido negada.

Para nos darmos conta disso, é preciso lembrar que ela é a função específica, característica do movimento anarquista; e como homens e partidos estão sujeitos a se deixarem absorver pela questão que os interessa mais diretamente, esquecendo tudo o que a ela se relaciona, dando mais importância à forma do que ao conteúdo e, enfim, vendo as coisas somente de um lado, não distinguem mais a justa noção da realidade.

O movimento anarquista começou como uma reação contra o autoritarismo dominante na sociedade, assim como todos os partidos e organizações operárias, e se acentuou com os adventos de todas as revoltas contra as tendências autoritárias e centralistas.

Era natural, em consequência, que inúmeros anarquistas estivessem como que hipnotizados por esta luta contra a autoridade que eles combatem, para resistir à influência da educação autoritária, tanto a autoridade quanto a organização, da qual ela é a alma.

Na verdade, esta fixação chegou ao ponto de fazer sustentar coisas realmente incríveis. Combateu-se todo tipo de cooperação e acordo porque a associação é a antítese da anarquia. Afirma-se que, sem acordos, sem obrigações recíprocas, cada um fazendo o que lhe passar pela cabeça, sem mesmo se informar sobre o que fazem os outros, tudo estaria espontaneamente em harmonia; que anarquia significa que cada um deve bastar-se a si mesmo e fazer tudo que tem vontade, sem troca e sem trabalho em associação. Assim, as ferrovias poderiam funcionar muito bem sem organização, como acontecia na Inglaterra. O correio não seria necessário: alguém de Paris, que quisesse escrever uma carta a Petersburgo... podia ele próprio levá-la!

Dir-se-á que são besteiras, que não vale a pena discuti-las. Sim, mas estas besteiras foram ditas, propagadas; foram recebidas por grande parte das pessoas como a expressão autêntica das ideias anarquistas. Servem sempre como armas de combate aos adversários, burgueses ou não, que querem conseguir uma fácil vitória sobre nós. E, também, estas "besteiras" não são desprovidas de valor, visto que são a consequência lógica de certas premissas e que podem servir como prova experimental da verdade, ou pelo menos dessas premissas.

Alguns indivíduos de espírito limitado, mas providos de espírito lógico poderoso, quando aceitam premissas, extraem delas todas as consequências até que, por fim, e se a lógica assim o quer, chegam, sem se desconcertar, aos maiores absurdos, à negação dos fatos mais evidentes. Mas há outros indivíduos mais cultos e de espírito mais amplo que encontram sempre um meio de chegar a conclusões mais ou menos razoáveis, mesmo ao preço de violentação da lógica. Para eles, os erros teóricos têm pouca ou nenhuma influência na conduta prática. Mas, em suma, desde que não se haja renunciado a certos erros fundamentais, estamos sempre ameaçados por silogismos exagerados, e voltamos sempre ao começo.

O erro fundamental dos anarquistas adversários da organização é crer que não há possibilidade de organização sem autoridade. E uma vez admitida esta hipótese, preferem renunciar a toda organização, ao invés de aceitar o mínimo de autoridade.

Agora que a organização — quer dizer, a associação com um objetivo determinado e com as formas e os meios necessários para atingir este objetivo — é necessária à vida social, é uma evidência para nós. O homem isolado não pode sequer viver como um animal: ele é impotente (salvo em regiões tropicais, e quando a população é muito dispersa) e não pode obter sua alimentação; ele é incapaz, sem exceção, de ter uma vida superior àquela dos animais. Consequentemente, é obrigado a se unir a outros homens, como a evolução anterior das espécies o mostra, e deve suportar a vontade dos outros (escravidão), impor sua vontade aos outros (autoritarismo), ou viver com os outros em fraternal acordo para o maior bem de todos (associação). Ninguém pode escapar dessa necessidade. Os antiorganizadores mais imoderados suportam não apenas a organização geral da sociedade em que vivem, mas também em seus atos, em sua revolta contra a organização, eles se unem, dividem a tarefa, *organizam-se* com aqueles que compartilham suas ideias utilizando os meios que a sociedade coloca à sua disposição; com a condição de que estes sejam fatos reais e não vagas aspirações platônicas.

Anarquia significa *sociedade organizada sem autoridade*, compreendendo-se autoridade como a faculdade de *impor* sua vontade. Todavia, também significa o fato inevitável e benéfico de que aquele que compreende melhor e sabe fazer uma coisa consegue fazer aceitar mais facilmente sua opinião. Ele serve de guia, quanto a esta coisa, aos menos capazes que ele.

Segundo nossa opinião, a autoridade não é necessária à organização social; mais ainda, longe de ajudá-la, vive como parasita, incomoda a evolução e favorece uma dada classe que explora e oprime as outras. Enquanto há harmonia de interesses em uma coletividade, enquanto ninguém pode frustrar outras pessoas, não há sinal de autoridade. Ela aparece com a luta intestina, a divisão em vencedores e vencidos, os mais fortes confirmando sua vitória.

Temos essa opinião e é por isso que somos anarquistas, caso contrário, afirmando que não pode existir organização sem autoridade, seremos autoritários. Todavia, ainda preferimos a autoridade que incomoda e desola a vida, à desorganização que a torna impossível.

De resto, o que seremos nos interessa muito pouco. Se é verdade que o maquinista e o chefe de serviço devem forçosamente ter autoridade, assim como os camaradas que fazem para todos um trabalho determinado, as pessoas sempre preferirão suportar sua autoridade, a viajar a pé. Se o correio fosse apenas esta autoridade, todo homem são de espírito a aceitaria para não ter de levar, ele próprio, suas cartas. Se se recusa isto, a anarquia permanecerá o sonho de alguns e nunca se realizará.

A ORGANIZAÇÃO II
L'Agitazione, 1897

TENDO SIDO ADMITIDA a existência de uma coletividade organizada sem autoridade, isto é, sem coerção — caso contrário, a anarquia não teria sentido —, falemos da organização do partido anarquista.

Mesmo nesses casos, a organização nos parece útil e necessária. Se por partido entendemos o conjunto dos indivíduos que têm um objetivo em comum e se esforçam para alcançá-lo, é natural que se entendam, unam suas forças, compartilhem o trabalho e tomem todas as medidas adequadas para desempenhar esta tarefa. Permanecer isolado, agindo ou querendo agir cada um por sua conta, sem se entender com os outros, sem preparar-se, sem enfeixar as fracas forças dos isolados, significa condenar-se à fraqueza, desperdiçar sua energia em pequenos atos ineficazes, perder rapidamente a fé no objetivo e cair na completa inação.

Mas isto parece de tal forma evidente que, em vez de fazer sua demonstração, responderemos aos argumentos dos adversários da organização.

Antes de mais nada, há uma objeção, por assim dizer, formal. "Mas de que partido nos falais?", dizem-nos, "nem sequer somos um, não temos programa". Este paradoxo significa que as ideias progridem, evoluem continuamente, e que eles não podem aceitar um programa fixo, talvez válido hoje, mas que estará com certeza ultrapassado amanhã.

Seria perfeitamente justo se se tratasse de estudantes que procuram a verdade, sem se preocupar com as aplicações práticas. Um matemático, um químico, um psicólogo, um sociólogo

A ORGANIZAÇÃO II

podem dizer que não há outro programa senão o de procurar a verdade: eles querem conhecer, mas sem *fazer* alguma coisa. Mas a anarquia e o socialismo não são ciências: são proposições, projetos que os anarquistas e os socialistas querem pôr em prática e que, consequentemente, precisam ser formulados como programas determinados. A ciência e a arte das construções progridem a cada dia. Mas um engenheiro, que quer construir ou mesmo demolir, deve fazer seu plano, reunir seus meios de ação e agir como se a ciência e a arte tivessem parado no ponto em que as encontrou no início de seu trabalho. Pode acontecer, felizmente, que ele possa utilizar novas aquisições feitas durante seu trabalho sem renunciar à parte essencial de seu plano. Pode acontecer do mesmo modo que as novas descobertas e os novos meios industriais sejam tais que ele se veja na obrigação de abandonar tudo e recomeçar do zero. Mas ao recomeçar, precisará fazer novo plano, com base no conhecimento e na experiência; não poderá conceber e pôr-se a executar uma construção amorfa, com materiais *não produzidos,* a pretexto de que amanhã a ciência poderia sugerir melhores formas e a indústria fornecer materiais de melhor composição.

Entendemos por partido anarquista o conjunto daqueles que querem contribuir para realizar a anarquia, e que, por consequência, precisam fixar um objetivo a alcançar e um caminho a percorrer. Deixamos de bom grado às suas elucubrações transcendentais os amadores da verdade absoluta e de progresso contínuo, que, jamais colocando suas ideias à prova, acabam por nada fazer ou descobrir.

Outra objeção é que a organização cria chefes e autoridade. Se isto é verdade, se é verdade que os anarquistas são incapazes de se reunirem e entrarem em acordo entre si sem se submeter a uma autoridade, isto quer dizer que ainda são muito pouco anarquistas. Antes de pensar em estabelecer a anarquia no mundo, devem pensar em tornar-se capazes de viver como anarquistas. O remédio não está na organização, mas na consciência perfectível dos membros.

MALATESTA

Evidentemente, se em uma organização, deixa-se a alguns todo o trabalho e todas as responsabilidades, se nos submetemos ao que fazem alguns indivíduos, sem pôr a mão na massa e procurar fazer melhor, esses "alguns" acabarão, mesmo que não queiram, substituindo a vontade da coletividade pela sua. Se em uma organização todos os membros não se interessam em pensar, em querer compreender, pedir explicações sobre o que não entendem, exercer sobre tudo e sobre todos as suas faculdades críticas, deixando a alguns a responsabilidade de pensar por todos, "esses alguns" serão os chefes, as cabeças pensantes e dirigentes.

Todavia, repitamos, o remédio não está na ausência de organização. Ao contrário, nas pequenas como nas grandes sociedades, excetuando a força brutal, a qual não nos diz respeito no caso em questão, a origem e a justificativa da autoridade residem na desorganização social. Quando uma coletividade tem uma necessidade e seus membros não estão espontaneamente organizados para satisfazê-la, surge alguém, uma autoridade que satisfaz esta necessidade servindo-se das forças de todos e dirigindo-as à sua maneira. Se as ruas são pouco seguras e o povo não sabe se defender, surge uma polícia que, por uns poucos serviços que presta, faz com que a sustentem e a paguem, impõe-se a tirania. Se há necessidade de um produto e a coletividade não sabe se entender com os produtores longínquos para que eles enviem esse produto em troca de produtos da região, vem de fora o negociante que se aproveita da necessidade que possuem uns de vender e outros de comprar e impõe os preços que quer a produtores e a consumidores.

Como vedes, tudo vem sempre de nós: quanto menos organizados estávamos, mais nos encontrávamos sob a dependência de certos indivíduos. E é normal que assim fosse.

Precisamos estar relacionados com os camaradas das outras localidades, receber e dar notícias, mas não podemos todos nos corresponder com todos os camaradas. Se estamos organizados, encarregamos alguns deles de manter a correspondência por nossa conta; trocamo-los se eles não nos satisfazem, e podemos estar informados sem depender da boa vontade de alguns para obter uma informação. Se, ao contrário, estamos desorganizados, haverá alguém que terá os meios e a vontade de corresponder-se; ele concentrará em suas mãos todos os contatos, comunicará as notícias como bem quiser, a quem quiser. E se for ativo e tiver inteligência suficiente, conseguirá, sem nosso conhecimento, dar ao movimento a direção que quiser, sem que nos reste a massa do partido, nenhum meio de controle, sem que ninguém tenha o direito de se queixar, visto que este indivíduo age por sua conta, sem mandato de ninguém e sem ter de prestar contas a ninguém de sua conduta.

Precisamos de um jornal. Se estamos organizados, podemos reunir os meios para fundá-lo e fazê-lo viver, encarregar alguns camaradas de redigi-lo e controlar sua direção. Os redatores dar-lhe-ão, sem dúvida, de modo mais ou menos claro, a marca de sua personalidade, mas serão sempre pessoas, que teremos escolhido e que poderemos substituir. Se, ao contrário, estamos desorganizados, alguém que tenha suficiente espírito de empreendimento fará o jornal por sua própria conta: encontrará entre nós os correspondentes, os distribuidores, os assinantes, e fará com que sirvamos seus desígnios, sem que o saibamos ou queiramos. E nós, como muitas vezes aconteceu, aceitaremos ou apoiaremos este jornal, mesmo que não nos agrade, mesmo que tenhamos a opinião de que é nocivo à Causa, porque seremos incapazes de fazer um que melhor represente nossas ideias.

Assim, a organização, longe de criar a autoridade, é o único remédio contra ela e o único meio para que cada um de nós se habitue a tomar parte ativa e consciente no trabalho coletivo, e deixe de ser instrumento nas mãos dos chefes.

Se não se fizer nada e houver inação certamente, não haverá nem chefe, nem rebanho; nem comandante, nem comandados, mas, neste caso, a propaganda, o partido, e até mesmo a discussão sobre a organização, cessarão, o que, esperamos, não é o ideal de ninguém...

MALATESTA

Contudo, uma organização, diz-se, supõe a obrigação de coordenar sua própria ação e a dos outros, portanto, violar a liberdade, suprimir a iniciativa. Parece-nos que o que realmente suprime a liberdade e torna impossível a iniciativa é o isolamento que produz a impotência. A liberdade não é direito abstrato, mas a possibilidade de fazer algo. Isto é verdade para nós como para a sociedade em geral. É na cooperação dos outros que o homem encontra o meio de exercer sua atividade, seu poder de iniciativa.

Evidentemente, organização significa coordenação de forças com um objetivo comum, e obrigação de não promover ações contrárias a este objetivo. Mas quando se trata de organização voluntária, quando aqueles que dela fazem parte, têm de fato o mesmo objetivo e são partidários dos mesmos meios, a obrigação recíproca que a todos engaja obtém êxito em proveito de todos. Se alguém renuncia a uma de suas ideias pessoais por consideração à união, isto significa que acha mais vantajoso renunciar a uma ideia, que, por sinal, não poderia realizar sozinho, do que se privar da cooperação dos outros no que acredita ser de maior importância.

Se, em seguida, um indivíduo vê que ninguém, nas organizações existentes, aceita suas ideias e seus métodos naquilo que têm de essencial, e que em nenhuma organização pode desenvolver sua personalidade como deseja, então estará certo de permanecer de fora. Mas, se não quiser permanecer inativo e impotente, deverá procurar outros indivíduos que pensem como ele, e tornar-se iniciador de uma nova organização.

Uma outra objeção, a última que abordaremos, é que, estando organizados, estamos mais expostos à repressão governamental.

Parece-nos, ao contrário, que quanto mais unidos estamos, mais eficazmente podemos defender-nos. Na realidade, cada vez que a repressão nos surpreendeu enquanto estávamos desorganizados, colocou-nos em debandada total e aniquilou nosso trabalho precedente. Quando estávamos organizados, ela nos

A ORGANIZAÇÃO II

fez mais bem do que mal. Assim também no que concerne ao interesse pessoal dos indivíduos: por exemplo, nas últimas repressões, os isolados foram tanto e talvez mais gravemente atingidos do que os organizados. É o caso, organizados ou não, dos indivíduos que fazem propaganda individual. Para aqueles que nada fazem e ocultam suas convicções, o perigo é certamente mínimo, mas a utilidade que oferecem à Causa também o é.

O único resultado, do ponto de vista da repressão, que se obtém por estar desorganizado é autorizar o governo a nos recusar o direito de associação e tomar possível monstruosos processos por associação delituosa. O governo não agiria dessa forma em relação às pessoas que afirmam de modo altivo e público, o direito e o fato de estarem associados e, se ousasse fazê-lo, isto se voltaria contra ele e em nosso proveito.

De resto é natural que a organização assuma as formas que as circunstâncias aconselham e impõem. O importante não é tanto a organização formal, mas o espírito de organização. Podem acontecer casos, durante o furor da reação, em que seja útil suspender toda correspondência, cessar todas as reuniões: será sempre um mal, mas se a vontade de estar organizado subsiste, se o espírito de associação permanece vivo, se o período precedente de atividade coordenada multiplicou as relações pessoais, produziu sólidas amizades e criou um real acordo de ideias de conduta entre os camaradas, então o trabalho dos indivíduos, mesmo isolados, participará do objetivo comum. E encontrar-se-á rapidamente o meio de nos reunirmos de novo e repararmos os danos sofridos.

Somos como um exército em guerra e podemos, segundo o terreno e as medidas tomadas pelo inimigo, combater em massa ou em ordem dispersa: o essencial é que nos consideremos sempre membros do mesmo exército, que obedeçamos todos às mesmas ideias-diretrizes e que estejamos sempre prontos a nos reunirmos em colunas compactas quando for necessário e quando se puder fazê-lo.

Tudo o que dissemos dirige-se aos camaradas que são de fato adversários do princípio da organização. Aqueles que combatem a organização, somente porque não querem nela entrar, ou não são aceitos, ou não simpatizam com os indivíduos que dela fazem parte, dizemos: façam com aqueles que estão de acordo com vocês outra organização. É verdade, gostaríamos de poder estar, todos nós, de acordo, e reunir em um único feixe poderoso todas as forças do anarquismo. Mas não acreditamos na solidez das organizações feitas à força de concessões e de restrições, onde não há entre os membros simpatia e concordância real. É melhor estarmos desunidos que mal-unidos. Mas gostaríamos que cada um se unisse com seus amigos e que não houvessem forças isoladas, forças perdidas.

RUMO À ANARQUIA
Le Réveil, 1910

É MUITO FREQUENTE acreditar que pelo fato de dizermo-nos revolucionários, achamos que o advento da anarquia deva produzir-se de uma só vez, como consequência imediata de uma insurreição, que abateria de forma violenta tudo o que existe e o substituiria por instituições verdadeiramente novas. Para dizer a verdade, não faltam camaradas que assim concebem a revolução.

Esse mal-entendido explica porque entre nossos adversários, muitos creem, de boa-fé, que a anarquia é algo impossível; e isto também explica porque certos camaradas, vendo que a anarquia não pode realizar-se repentinamente, tendo em vista as condições morais atuais da massa, vivem entre um dogmatismo que os põe fora da vida real e um oportunismo que os faz quase esquecer que são anarquistas e, nesta qualidade, devem combater em favor da anarquia.

Ora, é certo que o triunfo da anarquia não pode ser efeito de um milagre, assim como não pode produzir-se a despeito e em contradição com a lei da evolução: que nada aconteça sem causa suficiente, que nada se possa fazer se faltar a força necessária.

Se quiséssemos substituir um governo por um outro, isto é, impor nossa vontade aos outros, bastaria, para isto, adquirir a força material indispensável para abater os opressores e colocarmo-nos em seu lugar.

Mas, ao contrário, queremos a *Anarquia,* isto é, uma sociedade fundada sobre o acordo livre e voluntário, na qual ninguém possa impor sua vontade a outrem, onde todos possam agir como bem entender e concorrer voluntariamente para o bem-estar geral. Seu triunfo só será definitivo, universal, quando todos os homens não mais quiserem ser comandados nem comandar outras pessoas, e tiverem compreendido as vantagens da solidariedade para saber organizar um sistema social no qual não haverá mais marca de violência e coação.

Por outro lado, assim como a consciência, a vontade, a capacidade, aumentam gradualmente e só podem encontrar oportunidade e meios de se desenvolverem na transformação gradual do meio e na realização das vontades à medida que elas se formam e se tornam imperiosas; assim, também, a anarquia instaurar-se-á pouco a pouco, para se intensificar e se ampliar cada vez mais.

Não se trata de chegar à anarquia hoje ou amanhã, ou em dez séculos, mas caminhar rumo à anarquia hoje, amanhã e sempre.

A anarquia é a abolição do roubo e da opressão do homem pelo homem, quer dizer, a abolição da propriedade individual e do governo; a anarquia é a destruição da miséria, da superstição e do ódio. Assim, cada golpe desferido nas instituições da propriedade individual e do governo é um passo rumo à anarquia; do mesmo modo, cada mentira desvelada, cada parcela de atividade humana subtraída ao controle da autoridade, cada esforço tendendo a elevar a consciência popular e a aumentar o espírito de solidariedade e de iniciativa, assim como igualar as condições, é igualmente caminhar rumo à Anarquia.

O problema reside no fato de saber escolher a via que de fato nos aproxima da realização de nosso ideal, e não confundir os verdadeiros progressos com essas reformas hipócritas, que, a pretexto de melhorias imediatas, tendem a afastar o povo da luta contra a autoridade e o capitalismo, paralisar sua ação e deixá-lo esperar que algo possa ser obtido pela bondade dos patrões e dos governantes. O problema consiste em saber empregar o quinhão de forças que possuímos e adquirimos do modo mais econômico e mais útil ao nosso objetivo.

Hoje, em todos os países, há um governo que, pela força

brutal, impõe a lei a todos, obriga-nos a nos deixar explorar e a manter, quer isto nos agrade ou não, as instituições existentes, a impedir que as minorias possam colocar em ação suas ideias e que a organização social, em geral, possa modificar-se segundo as variações da opinião pública. O curso regular, pacífico, da evolução, parou pela violência, e é pela violência que será preciso abrir-lhe caminho. É por isso que queremos a revolução violenta, hoje, e a queremos sempre assim, pelo tempo que quiserem impor a alguém, pela força, uma coisa contrária à sua vontade. Suprimida a violência governamental, nossa violência não teria mais razão de ser.

Não podemos, no momento, destruir o governo existente, talvez não possamos, amanhã, impedir que sobre as ruínas do atual governo, um outro surja; mas isto não nos impede, hoje, assim como não nos impedirá, amanhã, de combater não importa que governo, recusando submetermo-nos à lei toda vez que isto nos for possível, e, opor a força à força.

Toda vez que a autoridade é enfraquecida, toda vez que uma grande parcela de liberdade é conquistada e não mendigada, é um progresso rumo à anarquia. Da mesma forma, também é um progresso toda vez que consideramos o governo como um inimigo com o qual nunca se deve fazer trégua, depois de nos termos convencido de que a diminuição dos males por ele engendrados só é possível pela redução de suas atribuições e de sua força, não pelo aumento do número dos governantes ou pelo fato de elegê-los pelos próprios governados. E por governo entendemos todo homem ou agrupamento de indivíduos, no Estado, nos Conselhos, na municipalidade ou na associação, que tenha o direito de fazer a lei ou de a impor àqueles a quem ela não agrada.

Não podemos, no momento, abolir a propriedade individual, não podemos neste instante dispor dos meios de produção necessários para trabalhar livremente; talvez ainda não possamos quando de um próximo movimento insurrecional; mas isto não nos impede, a partir de hoje, assim como não nos impedirá, amanhã, de combater continuamente o capitalismo. Toda vitória, por menor que seja, dos trabalhadores sobre o patronato, todo esforço contra a exploração, toda parcela de riqueza subtraída aos proprietários e posta à disposição de todos, será um progresso, um passo rumo à anarquia. Assim, também, será um progresso todo fato que tenda a aumentar as exigências dos operários e a dar mais atividade à luta, todas as vezes que pudermos encarar o que tivermos ganhado, como uma vitória sobre o inimigo, não como uma concessão à qual deveríamos ser agradecidos, toda vez que afirmarmos nossa vontade de tomar pela força, aos proprietários, os direitos que, protegidos pelo governo, subtraíram dos trabalhadores.

Uma vez desaparecido da sociedade humana o direito da força, os meios de produção colocados à disposição daqueles que querem produzir, o resto será resultado da evolução pacífica.

A anarquia ainda não estaria realizada ou só o estaria para aqueles que a desejam, e somente para as coisas em que o concurso dos não anarquistas não é indispensável. Ela se ampliará, assim, ganhando pouco a pouco os homens e as coisas, até abraçar toda a humanidade e todas as manifestações da vida.

Uma vez desaparecido o governo, com todas as instituições nocivas que protege, uma vez conquistada a liberdade para todos, assim como o direito aos instrumentos de trabalho, sem o qual a liberdade é uma mentira, só pensamos destruir as coisas à medida que pudermos substituí-las por outras. Por exemplo: o serviço de abastecimento é malfeito na sociedade atual. Ele se efetua de modo anormal, com grande desperdício de forças e de material, e somente em vista dos interesses dos capitalistas; mas, em suma, de qualquer modo que se opere o consumo, seria absurdo querer desorganizar este serviço, se não estamos prontos a assegurar a alimentação do povo de uma forma mais lógica e equitativa.

Existe o serviço dos correios, temos mil críticas a fazer-lhe, no entanto, no momento, servimo-nos dele para enviar nossas

MALATESTA

cartas ou para recebê-las, suportemo-lo enquanto não pudermos corrigi-lo. |111

Existem escolas, infelizmente, muito ruins, entretanto, não desejaríamos que nossos filhos permanecessem sem aprender a ler e a escrever, esperando que possamos organizar escolas-modelos suficientes para todos.

Vemos, portanto, que para instaurar a anarquia não basta ter a força material para fazer a revolução, mas é também preciso que os trabalhadores associados, segundo os diversos ramos de produção, estejam em condições de assegurar, por eles próprios, o funcionamento da vida social, sem o auxílio dos capitalistas e do governo.

Pode-se também constatar que as ideias anárquicas, longe de estarem em contradição com as leis da evolução estabelecidas pela ciência, como o garantem os socialistas científicos, são concepções que se adaptam perfeitamente a elas: é o sistema experimental, transportado do campo das pesquisas para o das realizações sociais.

SINDICALISMO E ANARQUISMO

Umanità Nova, 1922

CONVIDADO e quase forçado, com gentileza, a falar na sessão de encerramento do último congresso da União Sindical Italiana, pronunciei palavras que escandalizaram os "sindicalistas puros", que desagradaram certos camaradas, sem dúvida porque as consideram inoportunas, e, o que é pior, receberam aplausos mais ou menos interessados de pessoas estranhas à União Sindical, distantes de minhas ideias e de meu pensamento.

Todavia, outra coisa não faço senão repetir opiniões já mil vezes por mim expressadas, e que me parecem fazer, integralmente, parte do programa anarquista! É, portanto, útil retomar a questão.

Não se deve confundir o "sindicalismo", que quer para si uma doutrina e um método para resolver a questão social, com a propaganda, a existência e a atividade dos sindicatos operários.

Os sindicatos operários (as ligas de resistências e as outras manifestações do Movimento Operário) são sem dúvida alguma úteis: eles são até mesmo uma fase necessária da ascensão do proletariado. Eles tendem a dar consistência aos trabalhadores de suas reais posições de explorados e escravos; desenvolvem neles o desejo de mudar de situação; habituam-nos à solidariedade e à luta, e pela prática da luta, fazem-nos compreender que os patrões são inimigos e que o governo é o defensor dos patrões. A melhoria que se pode obter por meio das lutas operárias é certamente pouca, visto que o princípio de exploração e de opressão de uma classe por outra permanece, visto que estas melhorias correm o risco de serem sempre ilusórias e de serem suprimidas imediatamente pelo jogo das forças econômicas das classes superiores. Todavia, mesmo sendo incertas e ilusórias,

SINDICALISMO E ANARQUISMO

essas melhorias servem, entretanto, para impedir que a massa se adapte e se embruteça em uma miséria sempre igual, que aniquila o próprio desejo de uma vida melhor. A revolução que nós queremos, feita pela massa e desenvolvendo-se por sua ação, sem imposição de ditaduras, nem declarada, nem insidiosa, teria dificuldade para produzir-se e consolidar-se sem a presença anterior de um grande movimento de massa.

De resto, o que quer que disso se possa pensar, o movimento sindical é um fato que se impõe e não necessita de nosso reconhecimento para existir. Ele é fruto natural, nas condições sociais atuais, da primeira revolta dos operários. Seria absurdo, e até mesmo prejudicial, querer que os trabalhadores renunciem às tentativas de obter melhorias imediatas, mesmo pequenas, à espera da total emancipação que deverá ser o produto da transformação social completa, feita pela revolução.

É por isso que nós, anarquistas, preocupados antes de tudo com a realização de nosso ideal, longe de nos desinteressarmos pelo movimento operário, devemos tomar parte ativa nele e procurar fazer com que, ainda que se adaptando às contingências necessárias das pequenas lutas cotidianas, tenha a atitude mais crítica possível, segundo nossas aspirações, e torne-se um meio eficaz de elevação moral e revolução.

Mas tudo isso não é o "sindicalismo", que quer ser doutrina e prática em si, e que sustenta que a organização operária, feita para a resistência e para a luta real por melhorias atualmente acessíveis, conduz naturalmente, ao se ampliar, à completa transformação das instituições sociais; sindicalismo que seria a condição e a garantia de uma sociedade igualitária e libertária.

A tendência de cada um a dar grande importância ao que crê, é fato muito compreensível. Alguns indivíduos, tocados pelo antialcoolismo, pelo neomalthusianismo, pela língua internacional etc., acabaram vendo em sua propaganda minúscula e fragmentária a panaceia para todos os males da sociedade. Não é surpreendente que aqueles que consagraram todo o seu entusiasmo, toda a sua atividade a um objetivo tão importante e vasto quanto o movimento operário, acabem, amiúde, por fazer dele um remédio universal e suficiente em si.

E, na realidade, houve, sobretudo na França, anarquistas que entraram para o movimento operário com as melhores intenções, para levar nossa mensagem e propagar nossos métodos ao meio das massas, e foram, em seguida, absorvidos e transformados, exclamando que "o socialismo basta a si mesmo", e acabarão, em breve, por deixar de ser anarquistas. Isto para não falar daqueles que traíram conscientemente e que abandonaram até mesmo o sindicalismo, e, sob o pretexto de "união sagrada", puseram-se a serviço do governo e dos patrões.

Mas se a embriaguez sindicalista é explicável e perdoável, esta é uma razão a mais para se estar vigilante e para não privilegiar um meio, uma forma de luta potencialmente revolucionária, pois, deixados a eles mesmos, podem tornar-se instrumento de conservação dos privilégios e de adaptação das massas mais evoluídas às instituições sociais atuais.

O movimento operário, apesar de todos os seus méritos e de toda a sua potencialidade, não pode ser em si um movimento revolucionário, no sentido da negação das bases jurídicas e morais da sociedade atual.

Cada nova organização pode, dentro do espírito dos fundadores e dos estatutos, ter as aspirações mais elevadas e os objetivos mais seguros, mas se quiser exercer a função própria do sindicato operário, isto é, a defesa atual dos interesses de seus membros, deve reconhecer, de fato, as instituições que nega em teoria, adaptar-se às circunstâncias e tentar obter, pouco a pouco, o máximo possível, fazendo acordos e transigindo com patrões e governo.

Concluindo, o sindicato operário é, por sua natureza, reformista, não revolucionário. O espírito revolucionário deve ser-lhe levado, desenvolvido e mantido pelo trabalho constante dos revolucionários que agem fora e dentro do sindicato, mas não pode provir de prática natural e normal. Ao contrário, os interesses

SINDICALISMO E ANARQUISMO

atuais e imediatos dos operários associados, que o sindicato tem por missão defender, estão, bem amiúde, em contradição com as aspirações ideais e futuras. O sindicato só pode fazer ação revolucionária se estiver impregnado do espírito de sacrifício, à medida que o ideal esteja situado acima dos interesses, ou seja, somente na medida em que cesse de ser sindicato econômico para se tornar grupo político fundado sobre um ideal, o que é impossível nas grandes organizações que necessitam, para agir, do consentimento das massas, sempre mais ou menos egoístas, medrosas e lentas.

Mas não é o pior.

A sociedade capitalista é feita de tal maneira que, em geral, os interesses de cada classe, de cada categoria, de cada indivíduo, estão em contradição com os de todas as outras classes, categorias e indivíduos. Na vida prática, observam-se as alianças e as oposições mais curiosas entre classes e indivíduos que, do ponto de vista de justiça social, deveriam ser cada vez mais amigos ou cada vez mais inimigos. Acontece amiúde que, a despeito da solidariedade proletária tão proclamada, os interesses de uma categoria de operários sejam opostos àqueles de outros operários e se harmonizem com os de uma parte dos patrões. Assim, também, acontece que, a despeito da fraternidade internacional tão desejada, os interesses atuais dos operários de um país os liguem aos capitalistas autóctones e os façam lutar contra os trabalhadores estrangeiros: por exemplo, as diferentes tomadas de posição das organizações operárias sobre a questão das tarifas alfandegárias, e a vontade de participação das massas operárias nas guerras entre os Estados capitalistas.

Não me prolongarei citando numerosos exemplos de oposições de interesses entre as diferentes categorias de produtores e consumidores, em razão da falta de espaço, e também porque estou cansado de repetir o que já disse tantas vezes: o antagonismo entre os assalariados e os desempregados, os homens e as mulheres, os operários nacionais e estrangeiros, os trabalhadores do setor público e os trabalhadores que utilizam este setor, entre

MALATESTA

aqueles que conhecem uma profissão e os que querem aprender etc.

Lembrarei aqui o interesse que os operários das indústrias de luxo têm de que as classes ricas sejam prósperas, assim como aqueles das múltiplas categorias de trabalhadores de diferentes localidades que querem que os "negócios" progridam, mesmo às custas das outras localidades e da produção necessária às massas. E que dizer dos trabalhadores que estão nas indústrias perigosas para a sociedade, e dos indivíduos que simplesmente não possuem outros meios para ganhar sua vida? Tentai em tempo normal, quando não se crê na iminência da revolução, persuadir os operários dos estaleiros, ameaçados pela falta de trabalho, a não pedir ao governo a construção de um novo cruzador. E tentai resolver, se o podeis, por meios sindicais e sem desfavorecer ninguém, o conflito dos doqueiros que outro meio não têm para assegurar sua vida senão monopolizar o trabalho em sua vantagem, e os recém-chegados, os "não-oficiais", que exigem seu direito ao trabalho e à vida!

Tudo isso — e muitas outras coisas que se poderiam dizer — mostra que o movimento operário em si, sem o fermento das ideias revolucionárias, em oposição aos interesses presentes e imediatos dos operários, sem a crítica e o impulso dos revolucionários, longe de conduzir à transformação da sociedade em proveito de todos, tende a fomentar egoísmos de categorias e a criar uma classe de operários privilegiados, acima da grande massa dos deserdados.

Assim se explica o fato segundo o qual em todos os países, todas as organizações operárias, à medida que cresceram e reforçaram-se, tornaram-se conservadoras e reacionárias. Aqueles que consagraram ao movimento operário seus esforços, honestamente, tendo como objetivo uma sociedade de bem-estar e de justiça para todos, estão condenados a um trabalho de Sísifo, e devem sempre recomeçar do zero.

Não é verdade, como garantem os sindicalistas, que a organização operária de hoje servirá de quadro à sociedade futura e

SINDICALISMO E ANARQUISMO

facilitará a passagem do regime burguês para o regime igualitário.

É uma ideia que estava em vigor entre os membros da Primeira Internacional. E se minha memória não falha, encontra-se nos escritos de Bakunin, que a nova sociedade seria realizada pelo ingresso de todos os trabalhadores nas seções da Internacional.

Todavia, parece-me que é um erro.

Os quadros das organizações operárias atuais correspondem às condições contemporâneas da vida econômica, resultante da evolução histórica da sociedade e da imposição do capitalismo. Mas a nova sociedade só pode ser feita destruindo os quadros e criando novos organismos correspondentes às novas condições e aos novos objetivos sociais.

Os operários estão hoje agrupados segundo as profissões que exercem, as indústrias às quais pertencem, segundo os patrões contra os quais devem lutar, ou o comércio ao qual estão ligados. Para que servirão esses grupamentos quando, após a supressão do patronato e a transformação das relações comerciais, boa parte das profissões e das indústrias atuais tiverem desaparecido, algumas em definitivo, por serem inúteis e perigosas, outras momentaneamente, porque, ainda que úteis no futuro, não teriam razão de ser nem possibilidades no período agitado da crise social? Para que servirão, para citar um exemplo entre mil, as organizações dos tralhadores de mármore de Carrara, quando for necessário que eles partam para cultivar a terra, para aumentar a produção alimentícia, deixando para o futuro a construção dos monumentos e dos palácios de mármore?

Evidentemente, as organizações operárias, em particular sob a forma cooperativa (que tendem, por outro lado, em regime capitalista, a minar a resistência operária), podem servir para desenvolver nos trabalhadores capacidades técnicas e administrativas. Entretanto, no momento da revolução e da reorganização social, devem desaparecer e fundir-se em novos grupamentos populares que as circunstâncias exigirem. É objetivo dos revolucionários tentar impedir que neles se desenvolva um espírito corporativista, que seria obstáculo à satisfação das novas necessidades da sociedade.

Desta forma, segundo minha opinião, o movimento operário é um meio a ser utilizado hoje para elevar e educar as massas, para o inevitável choque revolucionário. Mas é um meio que apresenta inconvenientes e perigos. Nós, anarquistas, devemos trabalhar para neutralizar esses inconvenientes, evitar esses perigos, e utilizar, tanto quanto possível, o movimento para nossos fins.

Isto não quer dizer que desejaríamos, como já foi dito, submeter o movimento operário ao nosso partido. Estaríamos de certo contentes se *todos* os operários, todos os homens, fossem anarquistas, o que é a tendência ideal de todo propagandista. Mas, neste caso, a anarquia seria uma realidade, e estas discussões seriam inúteis.

No estado atual das coisas, queremos que o movimento operário, aberto a todas as correntes de ideias e tomando parte em todos os aspectos da vida social, econômica e moral, viva e desenvolva-se sem nenhuma dominação de partido, do nosso assim como dos outros.

Para nós, não é muito importante que os trabalhadores queiram mais ou menos: o importante é que aqueles que queiram, procurem conquistar, com sua força, sua *ação direta*, em oposição aos capitalistas e ao governo.

Uma pequena melhoria, arrancada pela força autônoma, vale mais por causa de seus efeitos morais e, a longo prazo, mesmo por seus efeitos materiais, do que uma grande reforma concedida pelo governo ou pelos capitalistas com finalidades enganadoras, ou mesmo por pura e simples gentileza.

EM TORNO DO NOSSO ANARQUISMO

Pensiero e Volontà, 1924

TENHO A IMPRESSÃO, ao ler a nossa imprensa na Itália e no exterior, ou os escritos que meus camaradas enviam a *Pensiero e Volontà*, frequentemente não publicados por falta de espaço ou de organização, de que ainda não conseguimos fazer com que compreendessem todos os objetivos que pretendemos atingir.

Algumas pessoas interpretam ao seu modo nosso desejo de espírito prático e de realização, e creem que queremos começar um processo de revisão dos valores do anarquismo teórico.

E deduzem segundo suas tendências e preferências, seus temores e suas esperanças, que queremos renunciar na prática, senão na teoria, às nossas concepções rigorosamente anarquistas.

As coisas não vão tão longe. Na realidade, não acreditamos, assim como algumas pessoas nos atribuíram, que haja "antinomia entre a teoria e a prática". Acreditamos, ao contrário, que, em geral, se não se pode realizar de imediato a anarquia, não é carência da teoria, mas devido ao fato de que todos não são anarquistas, e os anarquistas ainda não têm força para conquistar sua liberdade e fazê-la respeitar.

Em suma, permanecemos fiéis às ideias que desde seu início foram a alma do movimento anarquista, e não temos nada a lamentar. Não o dizemos por orgulho, pois se tivéssemos cometido um erro no passado, seria nosso dever dizê-lo, e nos corrigirmos. Nós o dizemos porque é um fato. Aqueles que conhecem os escritos de propaganda difundidos aqui e ali pelos fundadores desta revista, terão dificuldade em encontrar uma única contra-

EM TORNO DO NOSSO ANARQUISMO

dição entre o que acabamos de dizer e o que dizíamos há mais de cinquenta anos.

Não se trata, portanto, de "revisão", mas de desenvolvimento das ideias e de sua aplicação às contingências atuais.

Quando as ideias anarquistas eram novas, maravilhando e surpreendendo, e só se podia fazer propaganda com vistas a um futuro distante, as tentativas insurrecionais e os processos provocados de modo proposital serviam para atrair a atenção do público sobre nossa propaganda, aí, então, a crítica da sociedade atual e a explicação de nosso ideal podiam bastar. As questões de tática nada mais eram, no fundo, do que questões sobre os melhores meios de propagar as ideias e preparar os indivíduos e as massas para as transformações desejadas.

Todavia, hoje, os tempos são outros, as circunstâncias mudaram, e tudo leva a crer que num momento que poderia ser iminente, e que com certeza não está longe, encontrar-nos-emos prontos e forçados a aplicar as teorias aos fatos reais, e demonstrar que não somente temos mais razão do que outros quanto à superioridade de nosso ideal de liberdade, mas que nossas ideias e nossos métodos são igualmente os mais práticos para adquirir o máximo de liberdade e bem-estar possível no atual estado da civilização.

A reação em si, ainda que piorando e evoluindo, deixa o país em estado de equilíbrio instável, favorável a todas as esperanças assim como a todas as catástrofes. Os anarquistas podem ser chamados, de um momento para outro, a mostrar seu valor e a exercer peso sobre os acontecimentos, podendo ser, desde o início, senão preponderantes, pelo menos condizentes com seu número e sua capacidade moral e técnica.

É necessário aproveitar este período transitório, que só pode ser uma preparação tranquila, para agrupar, o máximo possível, forças morais e materiais, e estar prontos para tudo o que se poderá passar.

O ponto que não deve ser perdido de vista é o seguinte: somos uma minoria relativamente reduzida, e assim será até o dia em que uma mudança nas circunstâncias exteriores — condições econômicas melhoradas e maior liberdade — colocará as massas em posição de poder compreender-nos melhor e nos permitirá colocar nossa conduta em prática.

Mas as condições econômicas não melhorarão de modo sensível e duradouro, assim como a liberdade, enquanto o sistema capitalista e a organização estatista que defende os privilégios permanecerem vigentes. Em consequência, no dia em que, por razões que escapam em grande parte a nossa vontade, mas que existem e poderão produzir efeitos, o equilíbrio romper-se e a revolução eclodir, encontrar-nos-emos, como agora, em minoria reduzida entre as diferentes forças em oposição.

O que deveremos fazer? Desinteressar-nos pelo movimento seria um suicídio moral, para sempre, pois sem o nosso trabalho, sem o trabalho daqueles que querem impulsionar a revolução até a transformação social de todas as instituições sociais, até a abolição de todos os privilégios e de todas as autoridades, a revolução estancaria sem ter transformado nada do que é essencial, e nos encontraríamos nas mesmas condições que agora. Em outra futura revolução, seríamos ainda uma fraca minoria e deveríamos nos desinteressar pelo movimento, isto é, renunciar à razão de ser de nossa existência, que é combater incessantemente pela diminuição (enquanto sua completa abolição não for obtida) da autoridade e dos privilégios. Pelo menos para nós, que acreditamos que a propaganda, a educação, só podem, em dada situação, tocar um número limitado de indivíduos, e que é preciso mudar as condições da situação para que nova camada da população possa elevar-se moralmente.

O que fazer, então?

Provocar, tanto quanto nos seja possível, o movimento, nele participando com todas as nossas forças, imprimindo-lhe o caráter mais libertário e mais igualitário que seja; apoiar todas as forças progressivas; defender o que é melhor quando não se puder obter o máximo, mas conservar sempre bem claro nosso

EM TORNO DO NOSSO ANARQUISMO

caráter de anarquistas: não queremos o poder e suportamos com dificuldade que outros o tomem.

Há, entre os anarquistas — não diremos pretensos anarquistas — aqueles que pensam que, visto que as massas não são capazes de se organizar anarquicamente e defender a revolução com métodos anarquistas, nós mesmos deveríamos tomar o poder e "impor a anarquia pela força" (a frase, como nossos leitores o sabem, foi pronunciada em toda a sua crueza).

Eu não vou repetir que aquele que crê no poder educativo da força brutal e na liberdade estimulada e desenvolvida pelos governos, pode ser tudo o que quiser, poderá até mesmo ter razão sobre nós, mas não pode, certamente, chamar-se anarquista sem mentir a si mesmo e aos outros.

Observarei uma coisa: se deve haver um governo, ele não deverá vir de nós, seja porque somos minoritários, seja porque não temos as qualidades necessárias para conquistar e conservar o poder, e porque, digamo-lo francamente, entre os camaradas extravagantes que gostariam de conciliar a anarquia com a ditadura "provisória", não há ninguém — ou muito poucos — capaz de ser legislador, juiz, policial... e em geral, exterminador! Poderia ocorrer que, entre nós, alguns, — não dos melhores — pactuem, por ignorância ou por razões menos confessáveis, com o partido triunfante e tentem aproveitar-se do governo. Eles nada mais fariam senão trair a causa que querem defender, como fizeram alguns pretensos anarquistas russos, como fazem os "socialistas" que se aliam aos burgueses para fazer progredir o socialismo, ou os "republicanos" que servem à monarquia para preparar a república.

É preciso, consequentemente, fazer com que, durante a revolução, as massas apoderem-se da terra, dos instrumentos de trabalho e de toda a riqueza social, exijam e tomem toda a liberdade das quais são capazes, organizem a produção como puderem e quiserem, assim como a troca e toda a vida social, fora de qualquer imposição governamental. É preciso combater toda centralização para dar inteira liberdade às diferentes loca-

MALATESTA

lidades e impedir que outros indivíduos sirvam-se das massas mais atrasadas que são sempre as mais importantes em número — para sufocar o impulso das regiões, das comunas e dos grupos mais avançados — e deveremos em todos os casos pedir para nós mesmos a mais completa autonomia e os meios para poder organizar nossa vida à nossa maneira, tentando arrastar as massas pela força do exemplo e pela evidência dos resultados obtidos.

DEMOCRACIA E ANARQUISMO | 127

Pensiero e Volontà, 1924

OS GOVERNOS DITATORIAIS que grassam hoje na Itália, na Espanha, na Rússia, e que suscitam a inveja e o desejo das frações mais reacionárias e mais temerosas dos diferentes países, estão refazendo uma nova virgindade para a "democracia" que está esgotada. É por isso que vemos velhos politiqueiros malandros, muito experimentados na arte sinistra da política e responsáveis por repressões e massacres dos trabalhadores, apresentarem-se, apesar de tudo, quando eles têm coragem para isso, como homens progressistas, procurando açambarcar o futuro próximo em nome da ideia liberal. E eles poderão atingir seu objetivo, tendo em vista a situação.

Os partidários da ditadura divertem-se criticando a democracia e ressaltando todos os seus vícios e suas mentiras. Isso me faz pensar em Herman Sandomirsky, o anarquista bolchevisante com quem tivemos contatos agridoces na época da conferência de Gênova e que agora procura conciliar Lenin e Bakunin, apenas isso! A fim de defender o regime russo, usava todo seu Kropotkin para demonstrar que a democracia não é o melhor dos sistemas sociais possíveis. Como ele é russo, seu modo de raciocinar me trazia à mente um raciocínio semelhante de alguns de seus compatriotas, e penso ter-lhe dito: em resposta à indignação do mundo civilizado perante o czar que fazia despir, açoitar e enforcar as mulheres, eles insistiam na igualdade dos direitos e, por conseguinte, das responsabilidades entre os homens e as mulheres. Esses fornecedores de prisões e de forcas só se lembravam dos direitos da mulher quando estes podiam servir de pretexto a novas infâmias! Assim, também, os partidários da ditadura só se mostram adversários dos governos democráti-

DEMOCRACIA E ANARQUISMO

cos quando descobrem que existe uma forma de governo que deixa ainda mais o campo livre aos abusos de poder e à tirania daqueles que conseguem dele apoderar-se.

Para mim, não há dúvidas de que a pior das democracias é sempre preferível à melhor das ditaduras, pelo menos de um ponto de vista educativo. Certo, a democracia — o pretenso governo do povo — é uma mentira, mas a mentira acorrenta sempre um pouco o mentiroso e limita seu bel-prazer. O "povo soberano" é um soberano de teatro, um escravo com uma coroa e um cetro de papelão; todavia, pensar que se é livre, mesmo que não seja verdade, é sempre melhor do que saber que se é escravo e aceitar a escravidão como uma coisa justa e inevitável.

A democracia é uma mentira, é uma opressão; é uma oligarquia na realidade, quer dizer, governo de um pequeno número em proveito de uma classe privilegiada. Podemos combatê-la, nós, em nome da liberdade e da igualdade, mas não aqueles que a substituíram ou querem substituí-la por qualquer coisa pior.

Não somos a favor da democracia, entre outras razões porque, cedo ou tarde, ela conduz à guerra e à ditadura; também não somos pela ditadura, entre outras razões porque a ditadura faz desejar a democracia, provoca seu retorno e tende assim a perpetuar esta oscilação da sociedade humana entre uma franca e brutal tirania e uma pretensa liberdade, falsa e mentirosa.

Assim: guerra à ditadura e guerra à democracia.

Mas substituí-las pelo quê?

Os democratas não são todos como aqueles que nós evocamos até agora, isto é, hipócritas mais ou menos conscientes de que, em nome do povo, querem dominá-lo, explorá-lo e oprimi-lo.

Há muitos, em particular entre os jovens republicanos, que creem realmente na democracia e que aspiram a ela porque veem nela o meio de garantir a todos a liberdade de se desenvolverem plena e totalmente. São estes jovens que gostaríamos que soubessem que estão enganados e de levá-los a não confundir o que é uma abstração, o "povo" com o que é uma realidade viva, ou seja, homens com todas as suas necessidades que são variadas, suas paixões diversas, suas aspirações diversas e, frequentemente, opostas.

Nós não iremos refazer aqui a crítica do sistema parlamentar, nem a crítica de todos os meios que foram imaginados para obter dos deputados a representação verdadeira da vontade dos eleitores — crítica que, após cinquenta anos de propaganda anarquista, é finalmente aceita e retomada pelos escritores que ostentam o maior desprezo por nossas ideias (ver por exemplo *La Scienza Política* do senador Gaetano Mosaca).

Nós nos limitaremos a convidar nossos jovens amigos a utilizar uma linguagem mais precisa, convencidos como nós estamos de que, se eles forem ao fundo das coisas, verão como todas essas frases são vazias.

"Governo do povo", não, porque isto suporia o que não acontece jamais, a saber, a unanimidade das vontades de todos os indivíduos que compõem o povo.

Aproximar-se-á muito mais da verdade ao falar "Governo da maioria do povo". Isto já significa anunciar uma minoria que deverá se revoltar ou se submeter à vontade alheia.

Mas, que esses que a maioria do povo colocou no poder sejam todos da mesma opinião sobre todos os problemas, isto não acontece. Jamais. É preciso então recorrer de novo ao sistema da maioria e é por isso que nós nos aproximaríamos ainda mais da verdade ao falar "governo da maioria dos eleitos pela maioria dos eleitores". O que começa realmente a parecer muito com um governo da minoria.

Enfim, se se considera o modo como as eleições são feitas, o modo como os partidos políticos e os grupos parlamentares se formam, o modo como as leis são elaboradas, votadas e aplicadas, compreende-se sem dificuldade o que a experiência universal demonstrou, a saber, que mesmo na mais democrática das democracias, é sempre uma pequena minoria que domina e que impõe pela força sua vontade e seus interesses.

Assim, desejar realmente o "governo do povo" no sentido que cada um possa fazer valer sua própria vontade, suas próprias

DEMOCRACIA E ANARQUISMO

ideias, suas próprias necessidades, é fazer com que ninguém, maioria ou minoria, possa dominar os outros; dito de outra forma, é querer necessariamente a abolição do governo, isto é, de toda organização coercitiva, para substituí-la pela livre organização daqueles que têm interesses e objetivos comuns.

Seria extremamente simples se cada grupo ou cada indivíduo pudesse se isolar e viver por si próprio, ao seu modo, responsabilizando-se, independentemente dos outros, por suas necessidades materiais e morais.

Mas é impossível; e mesmo que fosse possível, não seria desejável, porque isso significaria a decadência da humanidade, que cairia na barbárie ou no estado selvagem.

É preciso que, ao mesmo tempo em que está decidido a defender sua própria autonomia, sua própria liberdade, cada um — indivíduo ou grupo — compreenda os elos de solidariedade que o unem a toda a humanidade, e que seu sentido da simpatia e do amor por seus semelhantes seja bastante desenvolvido para que ele saiba se impor voluntariamente todos os sacrifícios necessários para uma vida social que garanta a todos os maiores benefícios possíveis num dado momento.

Mas é preciso, antes de tudo, tornar impossível que, pela força material, um pequeno número domine a massa — de onde provém, por sinal, esta força material que serve ao dominador.

Eliminemos a figura do policial, isto é, do homem armado a serviço do déspota e chegar-se-á ao livre acordo de um modo ou de outro, porque sem acordo, livre ou forçado, não é possível viver.

Entretanto, mesmo o livre acordo será sempre vantajoso para aqueles que estiverem mais bem preparados, intelectual e tecnicamente; e é por isso que recomendamos a nossos amigos, e àqueles que querem realmente o bem de todos, estudar os problemas mais urgentes, que exigirão uma solução prática no mesmo dia em que o povo tiver sacudido o jugo que o oprime.

CAPITALISTAS E LADRÕES

a propósito das tragédias de
Houndsditch e Sidney Street
Il Risveglio Anarchico, 1911

EM UMA RUELA da City,[1] ocorre uma tentativa de assalto a uma joalheria; os ladrões, surpreendidos pela polícia, fogem, abrindo caminho à bala. Mais tarde, dois dos ladrões, descobertos numa casa de East-End[2] defendem-se uma vez mais à bala, e morrem no tiroteio.

No fundo, nada de extraordinário em tudo isso, na sociedade atual, exceto a energia excepcional com que os ladrões se defenderam.

Mas esses ladrões eram russos — talvez refugiados russos —, e é também possível que tenham frequentado um clube anarquista nos dias de reunião pública, quando ele está aberto a todos. Sem dúvida, a imprensa capitalista serve-se, uma vez mais, deste caso para atacar os anarquistas. Ao ler os jornais burgueses, dir-se-ia que a anarquia, este sonho de justiça e de amor entre os homens, nada mais é senão roubo e assassinato. Com tais mentiras e calúnias, conseguem, com certeza, afastar de nós, muitos daqueles que estariam conosco se ao menos soubessem o que queremos.

Não é inútil repetir, portanto, qual é nossa atitude de anarquistas em relação à teoria e à prática do roubo.

Um dos pontos fundamentais do anarquismo é a abolição do monopólio da terra, das matérias-primas e dos instrumentos

---

[1]Londres.
[2]Bairro londrino.

CAPITALISTAS E LADRÕES

do trabalho, e, consequentemente, a abolição da exploração do trabalho alheio exercida pelos detentores dos meios de produção. Toda apropriação do trabalho alheio, tudo o que serve a um homem para viver sem dar à sociedade sua contribuição à produção, é um roubo, do ponto de vista anarquista e socialista.

Os proprietários, os capitalistas, roubaram do povo, pela fraude ou pela violência, a terra e todos os meios de produção, e como consequência deste roubo inicial podem subtrair dos trabalhadores, a cada dia, o produto de seu trabalho. Mas esses ladrões afortunados tornaram-se fortes, fizeram leis para legitimar sua situação, e organizaram todo um sistema de repressão para se defender, tanto das reivindicações dos trabalhadores quanto daqueles que querem substituí-los, agindo como eles próprios agiram. E agora o roubo *desses senhores* chama-se propriedade, comércio, indústria etc.; o nome de *ladrões* é reservado, todavia, na linguagem usual, àqueles que gostariam de seguir o exemplo dos capitalistas, mas que, tendo chegado muito tarde e em circunstâncias desfavoráveis, só podem fazê-lo revoltando-se contra a lei.

Entretanto, a diferença de nomes empregados ordinariamente não basta para apagar a identidade moral e social das duas situações. O capitalista é um ladrão cujo sucesso se deve a seu mérito ou a de seus ascendentes; o ladrão é um aspirante a capitalista que só espera a oportunidade para sê-lo na realidade, para viver, sem trabalhar, do produto de seu roubo, isto é, do trabalho alheio.

Inimigos dos capitalistas, não podemos ter simpatia pelo ladrão que visa a tornar-se capitalista. Partidários da expropriação feita pelo povo em proveito de todos, não podemos, enquanto anarquistas, ter nada em comum com uma operação que consiste unicamente em fazer passar a riqueza das mãos de um proprietário para as de outro.

Obviamente, refiro-me ao ladrão profissional, àquele que não quer trabalhar e procura os meios para poder viver como parasita do trabalho alheio. É bem diferente o caso de um

MALATESTA

homem ao qual a sociedade recusa meios de trabalhar e que | 133
rouba para não morrer de fome e não deixar morrer de fome
seus filhos. Neste caso, o roubo (se é que se pode denominá-lo
assim) é uma revolta contra a injustiça social, e pode tornar-se
o mais imperioso dos deveres. Todavia, a imprensa capitalista
evita falar desses casos, pois deveria, ao mesmo tempo, atacar a
ordem social que tem por missão defender.

Com certeza, o ladrão profissional é, ele também, uma vítima do meio social. O exemplo que vem de cima, a educação
recebida, as condições repugnantes nas quais se é, amiúde, obrigado a trabalhar, explicam facilmente como é que homens,
que não são moralmente superiores a seus contemporâneos, colocados na alternativa de serem explorados ou exploradores,
preferem ser exploradores e encarregam-se de consegui-lo pelos
meios de que são capazes. Todavia, essas circunstâncias atenuan-
tes podem também se aplicar aos capitalistas, e esta é a melhor
prova da identidade das duas profissões.

As ideias anarquistas não podem, em consequência, levar
os indivíduos a se tornarem capitalistas assim como não pode
levá-los a serem ladrões. Ao contrário, dando aos descontentes
uma ideia de vida superior e esperança de emancipação coletiva,
elas os desviam, na medida do possível, tendo em vista o meio
atual, de todas essas ações legais ou ilegais, que representam
apenas adaptação ao sistema capitalista, e tendem a perpetuá-lo.

Apesar de tudo isso, o meio social é tão poderoso e os tem-
peramentos pessoais são tão diferentes, que bem pode existir
entre os anarquistas alguns que se tornem ladrões, como há
os que se tornam comerciantes ou industriais; mas, neste caso,
uns e outros agem não por causa, mas a despeito de suas ideias
anarquistas.

QUESTÕES DE TÁTICA

Almanacco Libertario, 1931

A SITUAÇÃO POLÍTICA e social da Europa e do mundo, que dá lugar a todas as esperanças e a todos os temores, torna mais do que nunca urgente a necessidade de se manter preparado, em tempo mais ou menos breve, às convulsões. Eis por que reaparece a discussão, sempre atual, quanto ao modo de adaptar as nossas aspirações à realidade contingente dos diferentes países, e passar da ideologia à realização prática.

Como é normal em um movimento como o nosso, sem a autoridade de líderes ou de textos, inteiramente fundado na livre crítica, as opiniões e a tática a serem seguidas são variadas.

Assim, um certo número de camaradas consagra toda a sua atividade a aperfeiçoar e pregar o ideal, sem se preocupar, em seguida, se são compreendidos e se esse ideal é ou não aplicável no estado atual da mentalidade popular e dos recursos materiais existentes.

Mais ou menos explicitamente, e segundo graus que variam de pessoa para pessoa, eles limitam a tarefa dos anarquistas, hoje, à demolição dos órgãos repressivos e opressivos da sociedade atual, amanhã, à atenta vigilância contra a reconstrução de novas autoridades e de novos privilégios, negligenciando, no entanto, o grave e inelutável problema da reorganização social em bases libertárias. Creem que tudo o que diz respeito aos problemas de reconstrução arranja-se por si mesmo, sem prévia preparação e sem projetos preestabelecidos, graças a uma capacidade criativa mítica da massa ou à força de uma pretensa lei natural. Tão logo eliminados a violência do Estado e os privilégios capitalistas, os homens tornar-se-iam todos bons e

QUESTÕES DE TÁTICA

inteligentes, as querelas de interesses desapareceriam repentinamente, a abundância, a paz, a harmonia reinariam como soberanas no mundo.

Outros, ao contrário, animados sobretudo pelo desejo de ser, ou de parecer ser, práticos, preocupados com as dificuldades da situação no dia seguinte à revolução, conscientes da necessidade de conquistar a adesão da maioria das pessoas, ou, ao menos, vencer os preconceitos hostis causados pelo desconhecimento de nossas ideias, gostariam de formular um programa, um plano completo de reorganização social, que respondesse a todas as dificuldades e pudesse satisfazer "o homem da rua", isto é, o homem qualquer sem opinião formada, nem ideias determinadas, que reage segundo as paixões e os interesses do momento.

Quanto a mim, creio que uns e outros estão em parte certos e em parte errados. Se não houvesse a incômoda tendência ao exagero e à parcialidade, as duas opiniões poderiam nuançar-se e completar-se a fim de melhor adaptar nossa conduta às exigências do ideal e às necessidades da situação e, assim, alcançar o máximo de eficácia prática, permanecendo, contudo, estritamente fiéis ao nosso programa de liberdade e de justiça integral.

Negligenciar todos os problemas de reconstrução ou preestabelecer planos completos e uniformes são dois erros, dois excessos que, por vias diferentes, conduziriam à nossa derrota enquanto anarquistas e ao triunfo de novos, ou antigos, regimes autoritários. A verdade está a meio caminho.

É absurdo crer que, uma vez os governos abatidos e os capitalistas expropriados, "as coisas arranjar-se-iam por si mesmas" sem a ação de homens que tivessem uma ideia preconcebida quanto ao que se deve fazer e que soubessem se lançar de imediato ao trabalho. Talvez se pudesse "deixar fazer", seria inclusive preferível, se se tivesse o tempo para esperar que as pessoas, todas as pessoas, encontrassem o meio, tentando e tornando a tentar satisfazer da melhor forma suas necessidades e seus gostos, segundo as necessidades e os gostos dos outros. Mas a vida

social, assim como a dos indivíduos, não admite interrupções. 137
No dia seguinte, ou melhor, no mesmo dia da insurreição do
povo, é preciso prover a massa de alimentação e satisfazer suas
necessidades urgentes. Assim, é necessário assegurar a produção
necessária (pão etc.), o funcionamento dos principais serviços
públicos (água, transportes, eletricidade etc.) e a permuta inter-
rompida entre as cidades e o campo.

Mais tarde, as grandes dificuldades poderão desaparecer:
o trabalho organizado diretamente por aqueles que produzem
realmente se tornará mais fácil e mais atraente; a abundância da produção tornará inútil todo cálculo da relação entre a
produção e o consumo individual e cada um poderá verdadeiramente "pegar no monte" o que lhe agradar. As monstruosas
aglomerações urbanas se reabsorverão, a população distribuir-
-se-á racionalmente por todo o território habitável, cada região,
cada localidade, conservando e aumentando em benefício de
todos as comodidades ofertadas pelo progresso industrial e permanecendo ligada a toda a humanidade por um sentimento de
simpatia e de solidariedade, poderá bastar-se em ampla medida,
não ser afligida pela complicação opressora e onerosa da vida
econômica atual.

Entretanto, tudo isso e mil outras belas coisas imagináveis,
concernem ao futuro, enquanto que, agora, é indispensável
pensar em um meio de viver, hoje, na situação que a história
transmitiu-nos e que a revolução, quer dizer, um ato de força,
não poderá mudar radicalmente de um dia para o outro, por
um toque de varinha de condão. Portanto, visto que bem ou
mal é preciso viver, se sabemos e não podemos remediar às
necessidades, outros encarregar-se-ão disso, com objetivos e
resultados opostos aos nossos.

Não se deve negligenciar "o homem da rua", que constitui,
em todos os países, a grande maioria da população, e sem o
concurso da qual não há emancipação possível: mas também
não se deve confiar em demasia em sua inteligência e em sua
criatividade.

QUESTÕES DE TÁTICA

O homem comum, "o homem da rua" tem muitas qualidades boas e uma imensa potencialidade que nos asseguram que ele poderá, um dia, formar a humanidade ideal que desejamos, mas, enquanto se espera, ele tem um grave defeito, que explica em grande parte o nascimento e a persistência das tiranias. Ele não gosta de raciocinar, e, inclusive, em seus esforços de emancipação, segue sempre com mais boa vontade aquele que lhe poupa o trabalho de refletir e assume a responsabilidade de organizar, dirigir e comandar. Desde que que ele não seja incomodado em seus pequenos hábitos, fica satisfeito que outros pensem por ele, dizendo-lhe o que deve fazer: embora só lhe reste o dever de trabalhar e obedecer.

Essa fraqueza, essa tendência da multidão em esperar e seguir as ordens dos chefes, eis o que causa a perda das revoluções, e o mesmo perigo também ameaça as revoluções futuras.

Se a multidão não faz por ela mesma e imediatamente o que é preciso, então, os homens de boa vontade, capazes de iniciativas e de decisão, devem fazer o necessário. No entanto, é nisso, quer dizer, a maneira de prover as necessidades urgentes, que devemos nos distinguir claramente dos partidos autoritários.

Os autoritários entendem resolver a questão constituindo-se em governo e impondo seu programa pela força. Eles podem, assim, estar agindo de boa-fé e pensando sinceramente fazer o bem de todos, contudo, na realidade, entravam a livre ação do povo, sem conseguir nada além de criar uma nova classe privilegiada e, de fato, substituir uma tirania por outra.

Os anarquistas devem simplesmente esforçar-se para tornar o menos penoso possível a passagem do estado de servidão ao de liberdade, fornecendo às pessoas o máximo de ideias práticas e imediatamente aplicáveis; mas eles devem abster-se de encorajar essa inércia intelectual e essa tendência a deixar fazer e obedecer, as quais lamentamos.

A revolução, para se tornar verdadeiramente emancipadora, deverá realizar-se livremente de mil maneiras correspondendo às mil condições morais e materiais dos homens de hoje, pela livre iniciativa de todos e de cada um. E deveremos sugerir e realizar o máximo possível os projetos de vida que melhor correspondam aos nossos desejos, mas, sobretudo, deveremos nos esforçar para suscitar nas massas o espírito de iniciativa e o hábito de agir por si mesmas.

Devemos evitar até mesmo as aparências de comando e agir pela palavra e pelo exemplo, de camaradas a camaradas, lembrando-nos de que, por querer forçar demais as coisas em nosso sentido para fazer triunfar nossos planos, corremos o risco de cortar as asas da revolução e assumir, nós mesmos, mais ou menos inconscientemente, essa função de governo, que tanto criticamos nos outros.

E como governo, não valeríamos certamente mais que os outros. Talvez fôssemos mais perigosos para a liberdade, porquanto estaríamos fortemente convencidos de ter razão e fazer o bem. Estaríamos inclinados, como verdadeiros fanáticos, a considerar como contrarrevolucionários e inimigos do bem público todos aqueles que não pensassem e agissem como nós.

Se, amanhã, a ação dos outros não for o que gostaríamos, o mais importante será que a liberdade de todos seja salvaguardada. O que importa é que as pessoas façam como entenderem. Não há experiências e conquistas verdadeiras senão aquelas que o próprio povo faz. Não há reformas autênticas senão aquelas que são exigidas pela consciência do povo.

REPISAMENTOS AUTORITÁRIOS

Il Risveglio, 1931

ENTRE AS RARAS notícias que me chegam, ressalto que alguns camaradas retomaram a ideia segundo a qual, para fazer a anarquia triunfar quando a revolução eclodir, será necessário obrigar as pessoas a seguirem nossos métodos até que elas estejam convencidas deles, e façam espontaneamente o que, no início, nós lhes faríamos fazer pela força. Em resumo, seríamos um governo.

Evidentemente, o governo que desejariam formar esses curiosos anarquistas, seria apenas gentil e provisório, governando o mínimo possível e por muito pouco tempo. Todavia, por mais reduzido que ele seja, será sempre um governo, isto é, um grupo de homens que se atribuem a vontade de impor ao povo suas ideias para satisfazerem seus interesses.

Tudo isso se faria para *ser prático*, para *ajustar-se à realidade etc.* Crê-se ouvir os discursos dos pró-aliados pregando a *guerra para destruir a guerra*.

A coisa não é nova. Desde que nosso movimento existe, há indivíduos que, ainda que se dizendo anarquistas, e até mesmo mais anarquistas do que os outros, exprimiram concepções e intenções ultra-autoritárias: supressão — contra nossos adversários — das liberdades elementares, de expressão, de imprensa, de reunião etc.; trabalhos forçados sob as ordens de comitês anarquistas; crianças arrancadas de suas mães para educá-las; polícia vermelha, exército vermelho, terror vermelho. E ainda que a contradição entre a ideia de liberdade e de coerção seja evidente, pensando bem, não há muito por que se surpreender. Nascidos e educados em uma sociedade em que cada um é obrigado a

REPISAMENTOS AUTORITÁRIOS

comandar ou ser comandado, influenciados por uma tradição milenar de opressão e servidão, sem ter outros meios de emancipação senão o recurso à violência que nos oprime, é-nos difícil pensar e sentir como anarquistas. É sobretudo difícil conceber e respeitar o limite que separa a violência liberadora — justa e necessária para a defesa de nossos direitos — da violência que é violação dos direitos alheios. Assim, há sempre alguns que recaem no autoritarismo e que, para chegar ao anarquismo, querem agir como os governos, querem ser o governo.

Naturalmente, as intenções são sempre boas: sim, somos anarquistas — dizem eles — mas como as massas são tão atrasadas, é necessário empurrá-las para a frente pela força. Algo como ensinar alguém a andar atando-lhe as pernas!

Não quero demorar-me sobre esse erro de querer educar as pessoas à liberdade, à iniciativa e à confiança nelas próprias por meio da ameaça e da violência. Também não insistirei sobre o fato de que aquele que está no governo, quer sempre nele permanecer, com o propósito sincero de fazê-lo bem, e, portanto, antes de tudo, constituir um partido, uma classe ou uma súcia interessada, exército fiel e disciplinado para dominar os recalcitrantes: coisas que aconteceriam aos governantes "anarquistas" como aos outros. Inicialmente porque elas são uma necessidade da situação, e, em seguida, porque nós, anarquistas, não somos melhores que o comum dos mortais. Não me divertirei em repetir uma vez mais todas as razões que o anarquismo opõe ao autoritarismo, pois esses argumentos, os camaradas dos quais falo, longe de serem noviços, devem conhecê-los tão bem quanto eu.

Quero apenas observar que, como acontece bem amiúde, aqueles que mais se vangloriam de serem práticos e não se perderem nas nuvens, são, em seguida, aqueles que mais sonham com coisas impossíveis.

Com efeito, é óbvio que para apoderar-se do governo e não se expor a um fracasso certo, que nos desacreditaria e nos impediria, durante muito tempo, de fazer um trabalho útil, seria

MALATESTA

preciso dispor de uma força numérica e de uma capacidade 143
técnica suficientes. Provavelmente não teremos, no início da
próxima revolução, essa força e essa capacidade; todavia, supondo que a tivéssemos, que necessidade haveria de se fazer
governar e de engajar-se em um caminho que necessariamente
nos conduziria a um objetivo oposto àquele que queremos alcançar? Se fôssemos assaz fortes, poderíamos facilmente fazer
respeitar nossa autonomia, pôr as pessoas no bom caminho por
intermédio da propaganda e do exemplo, concluindo, desenvolver e defender a revolução com um método perfeitamente
anarquista, graças ao concurso voluntário e entusiasta da massa,
interessada em seu triunfo.

Isso é para aqueles que quisessem se apoderar do governo
como "anarquistas", ou, ao menos, para empurrar a revolução à
anarquia. Se se quisesse ser governo com os partidos autoritários,
que visariam antes de tudo a assegurar o desenvolvimento e a
permanência das instituições governamentais, então, isso seria
mentira e logro. E todo o resultado seria que, após ter posto
nossas forças a serviço dos novos dominadores e tê-los ajudado a
reforçar-se no governo, assim que não mais precisassem de nós,
seríamos ignominiosamente expulsos, e estaríamos impotentes
e desonrados.

Ao contrário, a minoria que somos — ou mesmo a maioria
— deve permanecer no meio das massas para ensinar-lhes a
organizar, por elas mesmas, a nova vida social, dar-lhes na base
o exemplo, grande ou pequeno, segundo as forças que pudermos
reunir nas diversas localidades e nas diferentes corporações
operárias, e isso sem jamais assumir responsabilidades às quais
não pudéssemos corresponder. Desse modo, poderíamos dar à
revolução um caráter profundamente renovador, e preparar o
caminho ao triunfo da anarquia integral.

Talvez não consigamos pôr fim à existência do governo,
contudo, podemos impedir que ele se torne forte e tirânico.
Poderemos obrigá-lo a respeitar para nós, e para aqueles que

se uniriam a nós, o máximo de liberdade possível e o direito ao uso gratuito dos meios necessários de produção.

Em todo o caso, mesmo vencidos, daremos, assim, um exemplo fecundo, cujos resultados serão concretos num futuro próximo.

O TERROR REVOLUCIONÁRIO

Pensiero e Volontà, 1924

HÁ UM PROBLEMA geral de tática revolucionária que convém discutir e rediscutir sempre, porque de sua solução pode depender o destino da futura revolução.

Não tenciono falar da maneira como pode ser combatida e abatida a tirania que, hoje, oprime tal povo em particular. Nosso papel é simplesmente trabalhar para clarificar ideias e de preparação moral com vistas a um futuro próximo ou longínquo, porque não nos é possível agir de outra forma. E, de resto, pensamos ter chegado o momento de uma ação efetiva... da qual falarei menos ainda.

Ocupar-me-ei, portanto, apenas e hipoteticamente do dia seguinte de uma insurreição triunfante e dos métodos de violência que alguns desejariam adotar para "fazer justiça", e que outros creem necessários para defender a revolução contra as emboscadas de seus inimigos.

Coloquemos de lado "a justiça", conceito demasiado relativo que sempre serviu de pretexto a todas as opressões e a todas as injustiças, e que, amiúde, não significa outra coisa senão vingança. O ódio e o desejo de vingança são sentimentos irrefreáveis que a opressão, naturalmente, desperta e alimenta; todavia, se eles podem representar uma força útil para sacudir o jugo, são, em seguida, uma força negativa quando se tenta substituir a opressão, não por uma nova opressão, mas pela liberdade e pela fraternidade entre os homens. Por essas razões, devemos nos esforçar para suscitar esses sentimentos superiores que buscam sua energia no fervoroso amor pelo bem, evitando, ao mesmo tempo, quebrar essa impetuosidade, emanada de fa-

O TERROR REVOLUCIONÁRIO

tores bons e maus, que é necessária à vitória. É preferível que a massa aja segundo sua inspiração do que sob pretexto de melhor dirigi-la, pôr-lhe um freio, que se traduziria por uma nova tirania; entretanto, lembremo-nos sempre de que nós, anarquistas, não podemos ser vingadores, nem justiceiros. Nós queremos ser liberadores, e devemos agir como tais, pelos meios do discurso e do exemplo.

Isso posto, ocupemo-nos aqui com a questão mais importante: a defesa da revolução.

Ainda há aqueles que são fascinados pela ideia do terror. A esses, parece que a guilhotina, os fuzilamentos, os massacres, as deportações, os trabalhos forçados (*forcas e trabalhos forçados*, dizia-me recentemente um comunista dos mais notórios) são as armas poderosas e indispensáveis da revolução, e eles pensam que se tantas revoluções foram esmagadas e não produziram o resultado esperado, foi por causa da bondade, da fraqueza dos revolucionários que não perseguiram, reprimiram, massacraram o suficiente.

Esse é um preconceito corrente em certos meios revolucionários, preconceito que encontra sua origem na retórica e nas falsificações históricas dos apologistas da grande revolução francesa, e que se achou reforçado, nesses últimos anos, pela propaganda dos bolchevistas. Mas a verdade é precisamente o oposto: o terror sempre foi um instrumento de tirania. Na França, ele serviu à tirania de Robespierre. Aplainou os caminhos para Napoleão e para a reação que se seguiu. Na Rússia, perseguiu e matou anarquistas, socialistas, massacrou operários e camponeses rebeldes, e estancou, em suma, o ímpeto de uma revolução que podia, contudo, abrir à civilização uma nova era.

Aqueles que creem na eficácia revolucionária, liberadora, da repressão e da ferocidade, possuem a mesma mentalidade retrógrada que os juristas, que creem que se pode evitar o delito e moralizar o mundo por meio de penas severas.

O terror, bem como a guerra, desperta os sentimentos atávicos de ferocidade ainda mal cobertos pelo verniz da civilização, e iça aos primeiros postos os elementos perversos que se encontram na população. Em vez de servir para defender a revolução, o terror serve para desacreditá-la, torná-la odiosa às massas, e, após um período de lutas ferozes, desemboca necessariamente no que, hoje, denominarei "normalização", isto é, a legalização e a perpetuação da tirania. Qualquer que seja o partido vencedor, sempre se chega à constituição de um governo forte, o qual assegura, a alguns, a paz às expensas da liberdade, e aos outros, a dominação sem perigos demasiado grandes.

Sei muito bem que os anarquistas terroristas (por pouco numerosos que sejam) denunciam todo terror organizado, praticado por ordem de um governo, por agentes pagos, e gostariam que fosse a massa que, diretamente, pusesse à morte seus inimigos. Mas isso só faria agravar a situação. O terror pode agradar aos fanáticos, mas ele convém sobretudo aos verdadeiros perversos, ávidos de dinheiro e sangue. Inútil idealizar a massa e imaginá-la composta unicamente de homens simples, que podem evidentemente cometer excessos, mas são sempre animados de boas intenções. Os policiais e os fascistas servem os burgueses, mas saem da massa!

Na Itália, o fascismo acolheu muitos criminosos e, assim, até um certo ponto, purificou preventivamente a ambiência na qual agirá a revolução. Mas não se deve crer que todos os Dumini e todos os Cesarino Rossi são fascistas. Há entre eles quem, por uma razão qualquer, não quis ou não pôde tornar-se fascista, mas está disposto a fazer, em nome da "revolução", o que os fascistas fazem em nome da "pátria". E, por outro lado, como os bandidos de todos os regimes, como sempre estiveram prontos a pôr-se a serviço dos novos regimes e deles tornarem-se os mais zelosos instrumentos, assim, os fascistas de hoje estarão prontos, amanhã, a declararem-se anarquistas ou comunistas ou o que se quiser, simplesmente para continuar a dominar e satisfazer seus maus instintos. Se não o podem em seus países, por serem conhecidos e comprometidos, irão alhures e buscarão as ocasiões para se mostrar mais violentos, mais "enérgicos"

O TERROR REVOLUCIONÁRIO

que os outros, tratando de moderados, covardes, bombeiros, contrarrevolucionários, aqueles que concebem a revolução como uma grande obra de bondade e amor.

Certamente, a revolução tem de defender-se e desenvolver--se com uma lógica inexorável, mas não se deve, e não se pode defendê-la, com meios que estão em contradição com seus fins.

O grande meio de defesa da revolução permanece sempre o de retirar dos burgueses os meios econômicos da dominação, armar a todos (até que se possa levar todo mundo a desfazer-se das armas como objetos inúteis e perigosos) e fazer com que toda a grande massa da população interesse-se pela vitória.

Se, para vencer, tivéssemos de construir cadafalsos nas praças públicas, eu preferiria ser derrotado.

ANARQUIA E ORGANIZAÇÃO
1927

Um opúsculo francês intitulado: "Plataforma de organização da União Geral dos Anarquistas (Projeto)" caiu-me nas mãos por acaso. (Sabe-se que hoje os escritos não fascistas não circulam na Itália.)

É um projeto de organização anárquico, publicado sob o nome de um "Grupo de anarquistas russos no estrangeiro" e que parece mais especialmente dirigido aos camaradas russos. Mas trata de questões que interessam a todos os anarquistas e, além do mais, é evidente que procura a adesão dos camaradas de todos os países, inclusive pelo fato de ser escrito em francês. De qualquer forma, é útil examinar, pelos russos assim como por todos, se o projeto em questão está em harmonia com os princípios anarquistas e se sua realização serviria realmente à causa do anarquismo. Os objetivos dos promotores são excelentes. Eles lamentam que os anarquistas não tenham tido e não tenham, sobre os eventos da política social, influência proporcional ao valor teórico e prático de sua doutrina, assim como ao seu número, à sua coragem, ao seu espírito de sacrifício, e pensam que a primeira razão deste insucesso relativo é a falta de uma organização vasta, séria, efetiva.

Até aqui, em princípio, estou de acordo.

A organização outra coisa não é senão a prática da cooperação e da solidariedade, é a condição natural, necessária, da vida social, é um fato inelutável que se impõe a todos, tanto na sociedade humana em geral quanto em todo grupo de pessoas que tenha um objetivo comum a alcançar.

O homem não quer e não pode viver isolado, não pode

ANARQUIA E ORGANIZAÇÃO

sequer tornar-se verdadeiramente homem e satisfazer suas necessidades materiais e morais senão em sociedade e com a cooperação de seus semelhantes. É, portanto, fatal que todos aqueles que não se organizam livremente, seja por não poderem, seja por não sentirem a imperativa necessidade, tenham de suportar a organização estabelecida por outros indivíduos ordinariamente constituídos em classes ou grupos dirigentes, com o objetivo de explorar em sua própria vantagem o trabalho alheio.

A opressão milenar das massas por um pequeno número de privilegiados sempre foi a consequência da incapacidade da maioria dos indivíduos de se entender, organizar-se sobre a base da comunidade de interesses e de sentimentos com outros trabalhadores para produzir, usufruir e, eventualmente, defender-se dos exploradores e opressores. O anarquismo vem remediar este estado de coisas com seu princípio fundamental de livre organização, criada e mantida pela livre vontade dos associados sem qualquer espécie de autoridade, isto é, sem que algum indivíduo tenha o direito de impor aos outros sua própria vontade. É natural, portanto, que os anarquistas procurem aplicar à sua vida privada e à vida de seu partido este mesmo princípio sobre o qual, segundo eles, deveria estar fundamentada toda a sociedade humana.

Certas polêmicas deixariam supor que há anarquistas refratários a toda organização; mas, na realidade, as numerosas, muito numerosas discussões que mantemos sobre esse assunto, mesmo quando são obscurecidas por questões de semântica ou envenenadas por questões pessoais, só concernem, no fundo, ao modo e não ao princípio de organização. Assim é que camaradas, os mais opostos, em palavras, à organização, organizam-se como os outros e, amiúde, melhor do que os outros, quando querem fazer algo com seriedade... A questão, eu repito, está toda na aplicação.

Eu deveria ver com simpatia a iniciativa destes camaradas russos, convicto como estou de que uma organização mais geral, mais bem formada, mais constante do que aquelas que foram até

MALATESTA

aqui realizadas pelos anarquistas, mesmo que não conseguisse | 151
eliminar todos os erros, todas as insuficiências, talvez inevitáveis
num movimento que, como o nosso, antecipa-se ao tempo e que,
por isso, debate-se contra a incompreensão, a indiferença e
frequentemente a hostilidade da grande maioria, seria pelo
menos, com toda certeza, um importante elemento de força e
de sucesso, um poderoso meio de fazer valer nossas ideias.

Creio ser necessário e urgente que os anarquistas organizem-
-se, para influir sobre a marcha que as massas impõem em sua
luta pelas melhorias e pela emancipação. Hoje, a maior força
de transformação social é o movimento operário (movimento
sindical) e de sua direção depende, em grande parte, o curso
que tomarão os eventos e o objetivo a que chegará a próxima
revolução. Por suas organizações, fundadas para a defesa de seus
interesses, os trabalhadores adquirem a consciência da opressão
sob a qual se curvam e do antagonismo que os separa de seus
patrões, começam a aspirar a uma vida superior, habituam-se
à vida coletiva e à solidariedade, e podem conseguir conquistar todas as melhorias compatíveis com o regime capitalista e
estatista. Em seguida, é a revolução ou a reação.

Os anarquistas devem reconhecer a utilidade e a importância do movimento sindical, devem favorecer seu desenvolvimento e fazer dele uma das alavancas de sua ação, esforçando-se
para fazer prosseguir a cooperação do sindicalismo e das outras forças do progresso numa revolução social que comporte a
supressão das classes, a liberdade total, a igualdade, a paz e a solidariedade entre todos os seres humanos. Mas seria uma ilusão
funesta acreditar, como muitos o fazem, que o movimento operário resultará por si mesmo, em virtude de sua própria natureza,
em tal revolução. Bem ao contrário: em todos os movimentos
fundados sobre interesses materiais e imediatos (e não se pode
estabelecer sobre outros fundamentos um vasto movimento operário), é preciso o fermento, o empurrão, a obra combinada dos
homens de ideias que combatem e sacrificam-se com vistas a
um futuro ideal. Sem esta alavanca, todo movimento tende

ANARQUIA E ORGANIZAÇÃO

fatalmente a adaptar-se às circunstâncias, engendra o espírito conservador, o temor pelas mudanças naqueles que conseguem obter melhores condições. Frequentemente, novas classes privilegiadas são criadas, esforçando-se para fazer com que seja tolerado, consolidado o estado de coisas que se desejaria abater.

Daí a urgente necessidade de organização propriamente anarquista que, tanto dentro como fora dos sindicatos, lutam pela realização integral do anarquismo e procuram esterilizar todos os germes da corrupção e da reação.

Todavia, é evidente que para alcançar seu objetivo as organizações anarquistas devem, em sua constituição e em seu funcionamento, estar em harmonia com os princípios da anarquia. É preciso, portanto, que não estejam em nada impregnadas de espírito autoritário, que saibam conciliar a livre ação dos indivíduos com a necessidade e o prazer da cooperação, que sirvam para desenvolver a consciência e a capacidade de iniciativa de seus membros e sejam um processo educativo no meio em que operam e uma preparação moral e material ao futuro desejado.

O projeto em questão responde a estas exigências? Creio que não. Acho que, em vez de fazer nascer entre os anarquistas um desejo maior de se organizarem, ele parece feito para confirmar o preconceito de muitos camaradas que pensam que se organizar é submeter-se a chefes, aderir a um organismo autoritário, centralizador, sufocando toda livre iniciativa. Com efeito, nesses estatutos, são precisamente expressas as proposições que alguns, contra a evidência e apesar de nossos protestos, obstinam-se em atribuir a todos os anarquistas qualificados de organizadores.

Examinemos:

Inicialmente, parece-me que é uma ideia falsa (e em todo o caso irrealizável) reunir todos os anarquistas em uma "União Geral", isto é, assim como o precisa o Projeto, em *uma única* coletividade revolucionária ativa.

Nós, anarquistas, podemos nos dizer todos do mesmo partido se, pela palavra partido, compreende-se o conjunto de todos aqueles que estão de *um mesmo lado*, que possuem as mesmas

MALATESTA

aspirações gerais que, de uma ou de outra maneira, lutam com o mesmo objetivo contra adversários e inimigos comuns. Mas isto não quer dizer que seja possível — e talvez não seja desejável — reunirmo-nos todos em uma mesma associação determinada.

Os meios e as condições de luta diferem muito, os modos possíveis de ação que dividem a preferência de uns e dos outros são muito numerosos, e muito numerosas também as diferenças de temperamento e as incompatibilidades pessoais para que uma União Geral, realizada de modo sério, não se torne um obstáculo às atividades individuais, talvez mesmo uma causa das mais árduas lutas intestinas, em vez de um meio para coordenar e totalizar os esforços de todos.

Como, por exemplo, poder-se-ia organizar, da mesma maneira e com o mesmo pessoal, uma associação pública para a propaganda e para a agitação no seio das massas e uma sociedade secreta, obrigada pelas condições políticas, onde opera, a esconder do inimigo seus objetivos, seus meios, seus agentes? Como a mesma tática poderia ser adotada pelos *educacionistas* persuadidos de que basta a propaganda e o exemplo de alguns para transformar gradualmente os indivíduos e, portanto, a sociedade, e os *revolucionários* convictos da necessidade de destruir pela violência um estado de coisas que só se sustenta pela violência, e criar, contra a violência dos opressores, as condições necessárias ao livre exercício da propaganda e à aplicação prática das conquistas ideais? E como manter unidos os indivíduos que, por razões particulares, não se amam e não se estimam, e, entretanto, podem ser igualmente bons e úteis militantes do anarquismo?

Por outro lado, os autores do Projeto declaram inepta a ideia de criar uma organização que reúna os representantes das diversas tendências do anarquismo. Tal organização, dizem, "incorporando elementos teóricos e praticamente heterogêneos, seria apenas um aglomerado mecânico de indivíduos que têm concepção diferente de todas as questões concernentes ao movi-

ANARQUIA E ORGANIZAÇÃO

mento anarquista; ela se desagregaria, com certeza, logo após ser colocada à prova dos fatos e da vida real".

Muito bem. Mas, então, se eles reconhecem a existência dos anarquistas das outras tendências, deverão deixar-lhes o direito de se organizar, por sua vez, e trabalhar pela anarquia de modo que acreditarem ser o melhor. Ou eles têm a intenção de expulsar do anarquismo, excomungar todos aqueles que não aceitam seu programa? Eles dizem desejar reagrupar em uma única organização todos os *elementos sãos* do movimento libertário, e, naturalmente, terão tendência a julgar *sãos* somente aqueles que pensam como eles. Mas o que farão com os elementos *doentes*?

Certamente há, entre aqueles que se dizem anarquistas, como em toda coletividade humana, elementos de diferentes valores e, pior ainda, há quem faça circular em nome do anarquismo ideias que só têm com ele duvidosas afinidades. Mas como evitar isso? A *verdade anarquista* não pode e não deve tornar-se monopólio de um indivíduo ou de um comitê. Ela não pode depender das decisões de maiorias reais ou fictícias. É necessário somente — e isso seria suficiente — que todos tenham e exerçam o mais amplo direito de livre crítica, e que cada um possa sustentar suas próprias ideias e escolher seus próprios companheiros. Os fatos julgarão, em última instância, e darão razão a quem tem.

Abandonemos, portanto, a ideia de reunir todos os anarquistas em uma única organização; consideremos esta "União Geral" que nos propõem os russos com o que ela seria na realidade: a união de certo número de anarquistas, e vejamos se o modo de organização proposto está conforme aos princípios e métodos anarquistas, e se ele pode ajudar no triunfo do anarquismo. Mais uma vez, parece-me que não. Não ponho em dúvida o anarquismo sincero desses camaradas russos; eles querem realizar o comunismo anarquista e procuram a maneira de chegar a ele o mais rápido possível. Mas não basta desejar uma coisa, é preciso ainda empregar os meios oportunos para obtê-la, assim

MALATESTA

como para ir a um lugar é preciso tomar o caminho que a ele conduz, sob pena de chegar a outro lado. Ora, sendo a organização proposta inteiramente do tipo autoritário, não somente não facilitaria o triunfo do comunismo anarquista, mas ainda falsificaria o espírito anarquista e teria resultados contrários àqueles que seus organizadores esperam.

Com efeito, esta "União Geral" consistiria em tantas organizações parciais que haveria *secretariados* para dirigir *ideologicamente* a obra política e técnica, e haveria um *Comitê executivo da União* encarregado de executar as decisões tomadas pela União, "dirigir a ideologia e a organização dos grupos em conformidade com a ideologia e com a linha de tática geral da União".

Isso é anarquismo? É, na minha opinião, um governo e uma igreja. Faltam-lhe, é verdade, a polícia e as baionetas, assim como faltam os fiéis dispostos a aceitar a ideologia ditada de cima, mas isso significa apenas que esse governo seria um governo impotente e impossível, e que esta igreja seria fonte de cismas e heresias. O espírito, a tendência permanecem autoritários, e o efeito educativo sempre seria antianarquista.

Escutai o que se segue: "O órgão executivo do movimento libertário geral — a União Anarquista — adota o princípio da responsabilidade coletiva; toda a União será responsável pela atividade revolucionária e política de cada um de seus membros, e cada destes será responsável pela atividade revolucionária e política da União".

Depois dessa negação absoluta de qualquer independência individual, de toda liberdade de iniciativa e de ação, os promotores, lembrando-se serem anarquistas, dizem-se federalistas, e gritam contra a centralização cujos resultados inevitáveis são, segundo dizem, a subjugação e a mecanização da vida social e da vida dos partidos.

Mas se a União é responsável pelo que faz cada um de seus membros, como deixar a cada membro em particular e aos diferentes grupos a liberdade de aplicar o programa comum do

ANARQUIA E ORGANIZAÇÃO

modo que eles julguem melhor? Como se pode ser responsável por um ato se não se possui a faculdade de impedi-lo? Consequentemente, a União, e por ela o Comitê executivo, deveria vigiar a ação de todos os membros em particular, e prescrever-lhes o que devem ou não fazer, e como a condenação do fato consumado não atenua uma responsabilidade formalmente aceita de antemão, ninguém poderia fazer o que quer que fosse antes de ter obtido a aprovação, a permissão do Comitê. E, por outro lado, pode um indivíduo aceitar a responsabilidade dos atos de uma coletividade antes de saber o que ela fará? Como pode impedi-la de fazer o que ele desaprova?

Além disso, os autores do Projeto dizem que é a União que quer e dispõe. Mas quando se diz vontade da União, entende-se vontade de todos os seus membros? Neste caso, para que a União pudesse agir seria preciso que todos os seus membros, em todas as questões, tivessem sempre exatamente a mesma opinião. Ora, é natural que todos estejam de acordo quanto aos princípios gerais e fundamentais, sem o que não estariam unidos, mas não se pode supor que seres pensantes sejam todos e sempre da mesma opinião sobre o que convém fazer em todas as circunstâncias, e sobre a escolha das pessoas a quem confiar a tarefa de executar e dirigir.

Na realidade, assim como resulta do próprio texto do Projeto — por vontade da União só se pode entender a vontade da maioria, vontade expressada por congressos que nomeiam e controlam o Comitê executivo e decidem sobre todas as questões importantes. Os congressos, naturalmente, seriam compostos por representantes eleitos por maioria em cada grupo aderente, e esses representantes decidiriam o que deveria ser feito, sempre pela maioria dos votos. Desta forma, na melhor hipótese, as decisões seriam tomadas por uma maioria da maioria, que poderia muito bem, particularmente quando as opiniões em oposição fossem mais de duas, não representar mais do que uma minoria.

Deve-se, com efeito, observar que, nas condições em que

MALATESTA

vivem e lutam os anarquistas, seus congressos são ainda menos 157
representativos do que os parlamentos burgueses, e seu controle
sobre os órgãos executivos, se estes possuem um poder autoritário, raramente se manifesta a tempo e de maneira eficaz. Aos
congressos anarquistas, na prática, vai quem quer e pode, quem
tem ou consegue o dinheiro necessário e não é impedido por
medidas policiais. Há, nesses congressos, tantos daqueles que
só representam eles mesmos, ou a pequeno número de amigos,
quantos dos que representam, de fato, as opiniões e os desejos
de uma coletividade numerosa. Salvo as precauções a serem
tomadas contra os traidores e os espiões, e também por causa
dessas mesmas precauções necessárias, é impossível uma séria
verificação dos mandatos e de seu valor.

De qualquer modo, estamos em pleno sistema majoritário,
em pleno parlamentarismo.

Sabe-se que os anarquistas não admitem o governo da *maioria* (*democracia*), assim como também não admitem o governo
de um pequeno número (*aristocracia, oligarquia*, ditadura de
classe ou de partido), nem o de um único (*autocracia, monarquia*
ou ditadura pessoal).

Os anarquistas fizeram mil vezes a crítica do governo dito de
maioria, o que, na aplicação prática, sempre conduz ao domínio
de uma pequena minoria. Será preciso que eles a refaçam para
o uso de nossos camaradas russos?

É verdade, os anarquistas reconhecem que, na vida em comum, é com frequência necessário que a minoria se conforme
com a opinião da maioria. Quando há necessidade ou utilidade
evidente de fazer uma coisa e, para fazê-la, é necessário o concurso de todos, a minoria deve sentir a necessidade de se adaptar
à vontade da maioria. Por sinal, em geral, para viver juntos,
em paz e sob um regime de igualdade, é necessário que todos
estejam animados de espírito de concórdia, de tolerância, de
flexibilidade. Todavia, esta adaptação, de parte dos associados à
outra parte, deve ser recíproca, voluntária, derivar da consciência da necessidade e da vontade de cada um em não paralisar a

ANARQUIA E ORGANIZAÇÃO

vida social, por sua obstinação. Ela não deve ser imposta como princípio e como regra estatutária. É um ideal que, talvez, na prática da vida social geral, será difícil realizar de modo absoluto, mas é certo que todo agrupamento humano é tanto mais vizinho da anarquia quanto mais livre, mais espontâneo é o acordo entre a minoria e a maioria, e imposto somente pela natureza das coisas.

Assim, se os anarquistas negam à maioria o direito de governar na sociedade humana geral, onde o indivíduo é, todavia, obrigado a aceitar certas restrições, visto que não pode isolar-se sem renunciar às condições da vida humana, se eles querem que tudo se faça pelo livre acordo entre todos, como seria possível que adotem o governo da maioria em suas associações essencialmente livres e voluntárias e que comecem por declarar que se submetem às decisões da maioria, antes mesmo de saber quais elas serão?

Que a anarquia, a livre organização sem domínio da maioria sobre a minoria, e vice-versa, seja qualificada, por aqueles que não são anarquistas, de utopia irrealizável, ou apenas realizável num futuro longínquo, isto é compreensível; todavia, é inconcebível que aqueles que professam ideias anarquistas e desejariam realizar a anarquia, ou, pelo menos, aproximar-se dela, seriamente, hoje, em vez de amanhã, reneguem os princípios fundamentais do anarquismo na própria organização pela qual eles se propõem combater pelo seu triunfo.

Uma organização anarquista, na minha opinião, deve ser estabelecida sobre bases bem diferentes daquelas que nos propõem esses camaradas russos. Plena autonomia, plena independência e, consequentemente, plena responsabilidade dos indivíduos e dos grupos; livre acordo entre aqueles que creem ser útil unir-se para cooperar em um trabalho comum, dever moral de manter os engajamentos assumidos e de nada fazer que esteja em contradição com o programa aceito. Sobre essas bases, adaptam-se as formas práticas, os instrumentos aptos a dar vida real à organização: grupos, federações de grupos, federações de federações,

MALATESTA

reuniões, congressos, comitês encarregados da correspondência ou de outras funções. Mas tudo isso deve ser feito livremente, de maneira a não entravar o pensamento e a iniciativa dos indivíduos, e somente para dar mais alcance a resultados que seriam impossíveis ou mais ou menos ineficazes se estivessem isolados.

Dessa maneira, os congressos, em uma organização anarquista, ainda que sofrendo, enquanto corpos representativos, de todas as imperfeições que assinalei, estão isentos de todo autoritarismo porque não fazem a lei, não impõem aos outros suas próprias deliberações. Servem para manter e ampliar as relações pessoais entre os camaradas mais ativos, para resumir e provocar o estudo de programas sobre formas e meios de ação, mostrar a todos a situação das diversas regiões e a ação mais urgente em cada uma delas, para formular as diversas opiniões existentes entre os anarquistas e delas fazer um tipo de estatística. Suas decisões não são regras obrigatórias, mas sugestões, conselhos, proposições a submeter a todos os interessados; elas só se tornam obrigatórias e executivas para aqueles que as aceitam, e só até o ponto em que as aceitam. Os órgãos administrativos que eles nomeiam — Comissão de correspondência etc. — não têm nenhum poder de direção, só tomam iniciativas por conta daqueles que solicitam e aprovam essas iniciativas, não possuem nenhuma autoridade para impor seus próprios pontos de vistas, que podem seguramente sustentar e propagar enquanto grupos de camaradas, mas que não podem apresentar como opinião oficial da organização. Publicam as resoluções dos congressos, as opiniões e as proposições que grupos e indivíduos lhes comunicam; são úteis a quem quiser deles se servir para estabelecer relações mais fáceis entre os grupos e para a cooperação entre aqueles que estão em concordância em diversas iniciativas, mas todos livres para se corresponderem com quem bem entendam ou se servirem de outros comitês nomeados por agrupamentos especiais. Em uma organização anarquista, cada membro pode professar todas as opiniões e empregar todas as táticas que não estejam em contradição com os princípios aceitos e não prejudi-

ANARQUIA E ORGANIZAÇÃO

quem a atividade dos outros. Em todos os casos, determinada organização dura enquanto as razões de união forem mais fortes do que as razões de dissolução, e dê lugar a outros agrupamentos mais homogêneos. É certo que a duração, a permanência de uma organização é condição de sucesso na longa luta que devemos sustentar e, por outro lado, é natural que toda instituição aspire, por instinto, a durar indefinidamente. Todavia, a duração de uma organização libertária deve ser a consequência da afinidade espiritual de seus membros e das possibilidades de adaptação de sua constituição às mudanças das circunstâncias; quando já não é mais capaz de missão útil, é melhor que desapareça.

Esses camaradas russos acharão, talvez, que uma organização, tal como concebo, e tal como já foi realizada, mais ou menos bem, em diferentes épocas, é de pouca eficácia. Eu compreendo. Esses camaradas estão obcecados pelo sucesso dos bolchevistas em seu país; eles desejariam, a exemplo destes, reunir os anarquistas em um tipo de exército disciplinado que, sob a direção ideológica e prática de alguns chefes, marchasse, compacto, ao assalto dos regimes atuais e que, obtida a vitória material, dirigisse a constituição da nova sociedade. E talvez seja verdade que, com este sistema, admitindo que anarquistas prestem-se a isso, e que os chefes sejam homens de gênio, nossa força material se tornaria maior. Mas para que resultados? Não aconteceria com o anarquismo o que aconteceu, na Rússia, com o socialismo e com o comunismo? Esses camaradas estão impacientes com o sucesso, nós também, mas não se deve, para viver e vencer, renunciar às razões da vida e desnaturar o caráter da eventual vitória. Queremos combater e vencer, mas como anarquistas e pela anarquia.

O ESTADO "SOCIALISTA"
L'Agitazione, 1897

O OBJETIVO dos social-democratas é a "conquista dos poderes públicos". Não examinaremos aqui se esse objetivo corresponde às suas teorias históricas segundo as quais a classe economicamente predominante deteria sempre e fatalmente o poder político, e que a emancipação econômica deveria necessariamente preceder a emancipação política. Não discutiremos se, admitindo a possibilidade da conquista do poder político por uma classe deserdada, os meios legais podem bastar para esse objetivo.

Queremos apenas discutir agora se a conquista dos poderes públicos entra ou não no ideal socialista de uma sociedade de seres livres e iguais, sem supremacia nem divisões de classes.

Os social-democratas, em particular os italianos, que eles concordem ou não com isso, sofreram mais que os outros a influência das ideias anarquistas. Eles dizem, às vezes, ao menos quando polemizam conosco, que eles também querem abolir o Estado, no sentido de governo, e que é precisamente para poder aboli-lo que querem dele se apoderar. O que isso significa? Se eles compreendessem o que querem, isto é, desde a conquista: abolir o Estado, anular toda a garantia legal dos "direitos adquiridos", dissolver toda força armada oficial, suprimir todo poder legislativo, deixar uma autonomia plena e completa a todas as localidades, a todas as associações, a todos os indivíduos, promover a organização social de baixo para cima, por meio da livre federação dos grupos de produtores e de consumidores, então, toda a questão se reduziria a uma questão de palavras para exprimir as mesmas ideias. Dizer: "Queremos tomar de

O ESTADO "SOCIALISTA"

assalto essa fortaleza e destruí-la", ou "Queremos nos apoderar dessa fortaleza para demoli-la" significa uma única e mesma coisa.

Restaria sempre entre nós e os socialistas a diferença de opiniões, decerto muito importante quanto à participação nas eleições e ao ingresso dos socialistas no parlamento: se elas favorecem ou fazem obstáculo à revolução, se elas preparam as pessoas para uma transformação radical dos órgãos presentes, se elas ensinam o povo a aceitar, após a revolução, uma nova tirania. Ao menos, quanto ao objetivo final, estaríamos de acordo.

Entretanto, é certo que essas declarações de se apoderar do Estado *para destruí-lo* são artifícios criticáveis de polêmica, ou, se elas são sinceras, discursos anarquistas em formação, que creem ser ainda democratas.

Os verdadeiros social-democratas têm uma ideia bem diferente da "conquista dos poderes públicos". No congresso de Londres, para citar uma manifestação recente (1896) e solene, eles declararam publicamente que é preciso conquistar os poderes públicos "para legislar e administrar a nova sociedade". E, no último número de *Critica Sociale* (1/5/1897), lê-se:

É um erro crer que o partido socialista, uma vez no poder, poderá ou desejará diminuir os impostos. Ao contrário, o Estado deverá, aumentando gradualmente os impostos, absorver gradualmente a riqueza privada para aplicar as grandes reformas que o socialismo se propõe (instituição de fundos de aposentadoria, invalidez, previdência social, reforma do ensino digno de um país civilizado, indenização do grande capital etc.) [para se preparar ao] objetivo distante do comunismo perfeito, quando tudo se tornar um serviço público e que a riqueza privada for idêntica à riqueza da sociedade.

Eis, pois, o belo e bom governo que os socialistas nos propõem: um governo com todo o séquito indispensável de coletores de impostos, oficiais de justiça (para os contribuintes retardatários), policiais e carcereiros (no caso de o oficial de justiça ser defenestrado), juízes, administradores dos fundos de assistência pública, de programas escolares e professores oficiais, de

MALATESTA

administração da dívida pública para pagar os juros do capital 163 indenizado etc.; e, naturalmente, o corpo legislativo que faz as leis e determina o imposto e os diferentes funcionários que executam e interpretam as leis.

Pode haver diferenças de modalidade, tendências mais ou menos acentuadas, métodos mais ou menos ditatoriais ou democráticos, procedimentos mais ou menos rápidos ou graduais, mas, no fundo, eles estão todos de acordo, porque é o essencial de seu programa.

Agora, é necessário ver se esse governo, do qual os socialistas estão enamorados, oferece garantias de justiça social. Se ele poderia ou desejaria abolir as classes, destruir toda exploração e toda opressão do homem pelo homem, se, em resumo, ele poderia ou desejaria fundar uma sociedade verdadeiramente socialista.

Os social-democratas partem do princípio que o Estado, o governo, é apenas o órgão político da classe dominante. Em uma sociedade capitalista, dizem eles, o Estado serve necessariamente aos interesses dos capitalistas e garante seu direito de explorar os trabalhadores, mas em uma sociedade socialista, quando a propriedade individual estiver abolida e que, com a destruição dos privilégios econômicos, as distinções de classes tiverem desaparecido, então o Estado representaria todos os cidadãos e tornar-se-ia o órgão imparcial dos interesses sociais de todos os membros da sociedade.

É aqui que aparece necessariamente uma dificuldade. Se é verdade que o governo é necessariamente e sempre o instrumento dos detentores dos meios de produção, como poderá se produzir o milagre de um governo socialista surgido em pleno regime capitalista, no objetivo de abolir o capitalismo? Será, como queriam Marx e Blanqui, por meio de uma ditadura imposta pela revolução, por um ato de força, que decreta e impõe revolucionariamente o confisco da propriedade privada em favor do Estado que representa os interesses da coletividade? Ou, então, como os marxistas e uma grande parte dos blanquistas

O ESTADO "SOCIALISTA"

modernos o querem, por meio da maioria socialista enviada ao parlamento pelo sufrágio universal? Proceder-se-á de uma só vez à expropriação das classes dominantes pela classe econômica e subjugada, ou gradualmente, obrigando os proprietários e os capitalistas a se deixarem privar pouco a pouco de todos os seus privilégios?

Tudo isso parece contradizer estranhamente a teoria do "materialismo histórico" que é o dogma fundamental dos marxistas. Todavia, não queremos neste artigo examinar essas contradições, nem buscar o que há de verdadeiro na doutrina do materialismo histórico.

Suponhamos, então, que de um modo qualquer, o poder esteja nas mãos dos socialistas, e que um governo socialista esteja solidamente formado. A hora do triunfo do socialismo teria, contudo, chegado?

Não acreditamos nisso.

Se a instituição da propriedade individual é a fonte de todos os males que conhecemos, não é porque tal terreno está registrado em nome de um tal, mas porque o registro dá o direito a esse indivíduo de utilizar a terra como bem lhe aprouver, e o uso do qual faz é regularmente ruim, em detrimento de seus semelhantes. Todas as religiões em seus começos disseram que a riqueza é um fardo que obriga os detentores a se ocuparem do bem-estar dos pobres e a serem seus pais. Nas origens do direito civil, encontramos que o senhor da terra tem tantas obrigações cívicas que ele é mais administrador dos bens no interesse público do que proprietário no sentido moderno do termo. Mas o homem é de tal modo feito que, quando ele tem o poder de dominar e impor aos outros sua vontade, faz dela uso e abusa até reduzi-los a uma abjeta escravidão. Também, o senhor, que deveria ser o pai e o protetor dos pobres, sempre se transformou em explorador feroz.

Foi o que sempre aconteceu e acontecerá com os governantes. É inútil dizer que, quando o governo vier do povo, ele agirá segundo os interesses do povo. Todos os poderes emanaram do

MALATESTA

povo, visto que só o povo dá a força, e todos oprimiram o povo. |165
Inútil dizer que quando não mais houver classes privilegiadas, o
governo só poderá ser o órgão da vontade de todos: os governantes constituem também uma classe, e desenvolve-se entre eles
uma solidariedade de classe, bem mais poderosa do que aquela
que existe nas classes fundadas nos privilégios econômicos.

É verdade que hoje o governo serve à burguesia: mas é
porque seus membros são burgueses, não enquanto instituição.
De resto, enquanto governo, como todas as escravidões, ele odeia
seu patrão, engana-o e rouba-o. Não era para servir à burguesia
que Crispi desviava os fundos públicos, nem para servi-la que
ele violava a constituição.

Aquele que está no poder quer nele permanecer e quer
por todos os meios fazer triunfar sua vontade; e, visto que a
riqueza é um instrumento muito eficaz de poder, o governante,
conquanto não roube e não abuse pessoalmente, suscita ao seu
redor a formação de uma classe que lhe deve seus privilégios e
tem interesse em que ele permaneça no poder. Os partidos do
governo são no terreno político o que são as classes proprietárias
no terreno econômico.

Os anarquistas disseram-no mil vezes, e toda a história o
confirma: propriedade individual e poder político são dois elos
da corrente que oprime a humanidade, os dois gumes da lâmina
do punhal do criminoso. É impossível livrar-se de um sem se
livrar do outro. Uma vez abolida a propriedade individual sem
abolir o governo, ela renascerá graças aos governantes. Abolir
o governo, sem abolir a propriedade individual, é deixar os
proprietários reconstruírem o governo.

Quando Friedrich Engels, sem dúvida para proteger-se da
crítica anarquista, dizia que após o desaparecimento das classes, o Estado, propriamente dito, não teria mais razão de ser
e transformar-se-ia de governo dos homens em administração
das coisas, só fazia um medíocre jogo de palavras. Aquele que
domina as coisas, domina os homens; quem governa a produção,

O ESTADO "SOCIALISTA"

governa os produtores; quem mede o consumo é o senhor dos consumidores.

A questão é a seguinte: ou as coisas são administradas segundo pactos livres entre os interessados e, então, é a anarquia, ou elas são administradas segundo leis feitas pelos administradores e, então, é o governo, o Estado, e ele é fatalmente tirânico.

Não se trata aqui da boa-fé e da boa vontade de fulano ou sicrano, mas da fatalidade das situações e das tendências que os homens geralmente apresentam quando estão em certas circunstâncias.

De resto, se se trata realmente do bem de todos, se se entende verdadeiramente *administrar* as coisas no interesse dos administrados, quem pode fazê-lo melhor do que aqueles que produzem essas coisas e quem deve consumi-las?

Para que serve um governo? O primeiro ato de um governo socialista chegando ao poder deveria ser:

Considerando que nada podemos fazer de bom no governo e que paralisaríamos, assim, a ação do povo, obrigando-o a esperar por leis que não podemos fazer senão sacrificando os interesses de uns em benefício de outros, e os interesses de todos pelos nossos, como governantes, declaramos abolida toda autoridade e convidamos todos os cidadãos a organizarem-se em associações correspondendo às suas diferentes necessidades, e reportamo-nos à iniciativa dessas associações e iremos em seu seio levar a nossa contribuição pessoal pelo trabalho.

Nenhum governo jamais fez algo de semelhante, e o mesmo aconteceria com um governo socialista. Eis por que o povo, quando tiver bastante força, e se for inspirado, impedirá a formação de todo governo.

SOCIALISTAS E ANARQUISTAS

a diferença essencial

Umanità Nova, 1921

Alguns buscam explicar a cisão entre socialistas e anarquistas por uma única dissensão. Os socialistas seriam acusados de querer de querer avançar demasiado lento, enquanto os anarquistas, sofrendo da loucura da revolução imediata, prometiam e prometem ir muito mais rápido.

É fato que, entre socialistas e anarquistas, sempre houve divergência profunda quanto à maneira de conceber a evolução histórica e as crises revolucionárias que a própria evolução engendra, de tal forma que eles quase nunca estiveram de acordo em relação aos meios a empregar e às oportunidades que se apresentaram de vez em quando de poder acelerar a marcha rumo à emancipação humana.

Todavia, essa é uma dissensão contingente e secundária. Sempre houve e ainda há socialistas apressados, do mesmo modo que houve e há anarquistas que querem avançar a passos lentos e, inclusive, os que não creem absolutamente na revolução. A dissensão essencial, fundamental é outra bem diferente: os socialistas são autoritários, os anarquistas são libertários.

Os socialistas querem ir ao poder, pouco importa se de modo pacífico ou violento, e, tornados governo, querem impor às massas, sob forma ditatorial ou democrática, seu programa. Os anarquistas creem que, ao contrário, todo governo é mau e, por sua própria natureza, destinado a defender uma classe privilegiada já existente ou a criar uma nova. Em vez de sonhar em assumir o lugar dos governantes atuais, eles querem abater todo organismo que permita a alguns impor aos outros suas

SOCIALISTAS E ANARQUISTAS

próprias ideias e interesses, e dar a cada um plena liberdade e, evidentemente, os meios econômicos para tornar a liberdade possível e efetiva. Eles também querem escancarar a via da evolução para suas melhores formas de vida social que surgirão da experiência.

Parece impossível que, ainda hoje, após o que se passou e se passa na Rússia, haja quem creia que a diferença entre socialistas e anarquistas é unicamente a de querer a revolução mais cedo ou mais tarde.

Lenin é, sem dúvida, um revolucionário e um revolucionário apressado, mas um autoritário, um fanático que a história situará ao lado dos Torquemada e dos Robespierre, e, malgrado suas divergências atuais com uma parte dos socialistas oficiais, ele é certamente um socialista fazendo o que os anarquistas, há cinquenta anos, vêm prevendo o que fariam os socialistas se eles conseguissem tomar o poder.

Escutai o que diz Maria Spiridonova, a mártir do regime czarista, em sua carta aberta *Aos operários do Ocidente*. Ela demonstra o quanto a revolução foi poderosa na Rússia antes que o bolchevismo a traísse. A revolução estendia-se a todo o território russo porque era apoiada unanimemente pelos proletários dos campos e das cidades. Lenin, flanqueado por seus devotos e com um autêntico dogmatismo marxista, serviu-se dos proletários das cidades, que formam de 3 a 5% da população, contra as massas rurais não organizadas, e, para submetê-las, recorreu também à antiga burocracia, à velha casta militar, à polícia secreta do regime derrubado! Tendo cometido o erro, diz Spiridonova, de empregar os métodos e os instrumentos czaristas, o Partido Comunista (que é indubitavelmente socialista) erigiu a tirania em sistema para lograr esse resultado — ainda segundo Spiridonova — pelo qual hoje os 95% dos trabalhadores estão em revolta aberta ou secreta contra o governo. E ela acrescenta: a classe fundamental do país, os trabalhadores da terra, classe sem a qual nenhuma obra econômica criadora é possível entre nós, encontrou-se brutalmente rejeitada de toda participação na revolução. Os trabalhadores camponeses tornaram-se simplesmente um objeto de exploração por parte do Estado, fornecedores de matérias-primas, gêneros alimentícios, gado e homens, sem ter a mínima possibilidade de excercer qualquer influência política sobre o governo do país. A principal função do Exército Vermelho é a de aterrorizar a massa camponesa. E o mesmo Exército Vermelho é aterrorizado e sustentado pelo fato bem conhecido segundo o qual, para toda deserção, a família do desertor é ferozmente punida.

Esta é uma questão completamente diferente daquela de fazer a revolução um pouco mais cedo ou um pouco mais tarde!

A principal razão que fez nascer e durar o movimento anarquista é precisamente a previsão do que seria necessariamente um governo socialista, previsão que encontrou sua confirmação tão trágica na Rússia.

Isso não impediu que à dissensão fundamental viesse somar-se aquela relativa à maneira de julgar as diversas posições históricas e à necessidade de tentar ou não, em certas ocasiões, um movimento revolucionário. Tornaremos a falar disso.

MAIORIAS E MINORIAS
L'Agitazione, 1897

Caríssimos companheiros,

Rejubilo-me com a proximidade da publicação do jornal *L'Agitazione* e desejo-vos de todo coração o mais completo sucesso. Vosso jornal surge em um momento em que a necessidade dele fez-se premente, e espero que ele possa ser um órgão sério de discussão e propaganda, e um meio eficaz para reunir e cerrar as fileiras dispersas de nosso partido.

Podeis contar com meu concurso em toda a medida em que minhas forças, infelizmente frágeis, mo permitirem.

Desta vez, ao menos para inaugurar minha futura colaboração, eu vos escreverei para tratar de alguns pontos que me concernem pessoalmente de um certo modo, mas que não deixam de ter importância em relação à propaganda geral.

Como sabeis, nosso amigo Merlino desgarra-se agora na vã tentativa de querer conciliar a anarquia e o parlamentarismo; desejando sustentar, em sua carta ao *Messaggero*, que "o parlamentarismo não está destinado a desaparecer por completo e que sempre restará algo dele, inclusive na sociedade à qual aspiramos", ele recorda um artigo que escrevi e enviei à conferência anarquista de Chicago em 1893, artigo no qual eu sustentava que "para certas coisas, a opinião da maioria deverá necessariamente sobrepujar aquela da minoria".

Exato. E hoje as minhas ideias não são diferentes daquelas que eu exprimia no artigo do qual tratamos. Todavia, citando uma frase minha, truncada, para sustentar uma tese diferente daquela que eu defendia, Merlino deixa na sombra e na ambiguidade o que eu queria realmente dizer.

MAIORIAS E MINORIAS

Havia, naquela época — e ainda há alguns hoje —, muitos anarquistas que, confundindo a forma e o conteúdo, e interessando-se mais pelas palavras do que pelas coisas, constituíram uma espécie de "ritual da verdade anarquista" que entravava sua ação e conduzia-os a sustentar coisas absurdas e grotescas.

Assim, por exemplo, partindo do princípio segundo o qual a maioria não tem o direito de impor sua vontade à minoria, disso concluíam que nunca se devia fazer algo que não fosse aprovado pela unanimidade dos presentes. Confundindo o voto político que serve a dar-se patrões e o voto que é um meio cômodo e rápido de exprimir sua própria opinião, eles consideravam como antianarquista toda espécie de voto. Ou ainda: convocava-se uma reunião para denunciar uma violência por parte do governo ou dos patrões, ou para mostrar a simpatia popular por tal ou qual evento; as pessoas vinham, escutavam os discursos dos organizadores, escutavam aqueles dos contraditores e depois iam embora sem exprimir sua própria opinião porque o único meio de exprimi-lo era o voto sobre as diferentes moções... e porque votar não era anarquista.

Um círculo queria fazer um cartaz: diferentes redações eram propostas e as opiniões dos membros do círculo eram partilhadas em relação a esse assunto; discutia-se interminavelmente, e nunca se conseguia saber qual era a opinião predominante porque era proibido votar; e, assim, ou o cartaz não era tirée, ou alguns tiraient de seu lado aquele que eles preferiam; o círculo dissolvia-se quando, de fato, não havia qualquer dissensão real e que se tratava apenas de uma questão de estilo. A consequência dessa maneira de agir, que eles diziam ser uma garantia de liberdade, era que só alguns, os mais bem dotados de qualidades oratórias, faziam e desfaziam enquanto aqueles que não sabiam, ou não ousavam falar em público, e que são sempre a grande maioria, não contavam absolutamente. E, outra consequência, mais grave e realmente mortal para o movimento anarquista, era que os anarquistas não se criam ligados pela solidariedade operária e iam trabalhar em plena greve, porque a greve havia sido votada pela maioria enquanto eles opunham-se a isso. E chegavam inclusive a não ousar tratar de crápulas pretensos anarquistas que pediam dinheiro aos patrões, e o recebiam, para combater uma greve em nome da anarquia — eu poderia citar nomes se fosse necessário.

Era contra essas aberrações e outras semelhantes que se erguia o artigo que enviei a Chicago.

Eu sustentava que não haveria vida em sociedade possível se realmente não pudéssemos fazer algo juntos senão por acordo unânime de todos. Que as ideias, as opiniões, estão em perpétua evolução e diferenciam-se insensivelmente por gradações, enquanto as realizações práticas mudam bruscamente por saltos; e que se ocorresse um dia de todo mundo estar perfeitamente de acordo em relação às vantagens de tal ou qual coisa, isso significaria que, em relação a essa coisa, não haveria mais progresso possível. Assim, por exemplo, se se tratasse de construir uma ferrovia, haveria decerto mil opiniões diferentes em relação ao traçado da via férrea, ao material, ao tipo de locomotiva e de vagões, a localização das estações ferroviárias etc., e essas opiniões mudariam a cada dia, mas se se quisesse fazer essa ferrovia, devia-se escolher entre as diferentes opiniões existentes, e não se poderia modificar todos os dias o traçado, mudar as estações de lugar, escolher um outro tipo de locomotiva. No que concerne à escolha, é preferível contentar a maioria, sob a condição, evidentemente, de dar à minoria toda a liberdade e todos os meios possíveis de fazer propaganda por suas ideias, experimentá-las e buscar tornar-se maioria.

É razoável, justo e necessário que a minoria ceda ante a maioria, para tudo o que não admite várias soluções no mesmo tempo; ou quando as diferenças de opinião não são de uma importância tal que valha a pena dividir-se e que cada fração aja ao seu modo; ou quando o dever de solidariedade impõe a união.

Mas o fato de ceder, no que concerne à minoria, deve ser o

efeito da livre vontade, determinada pela consciência da necessidade: não deve ser um princípio, uma lei, que se aplica por consequência em todos os casos, mesmo quando a necessidade não se faz realmente sentir. É nisso que consiste a diferença entre a anarquia e toda forma de governo. Toda a vida social é plena dessas necessidades em que se deve esquecer suas próprias preferências para não ferir os direitos dos outros. Entro em um bar, vejo que meu lugar preferido está ocupado e vou tranquilamente me sentar em outro lugar onde, talvez, haja uma corrente de ar que não me faz bem. Percebo pessoas que falam de modo a que se compreenda que elas não querem ser ouvidas e afasto-me, o que talvez me incomode, para não incomodá-los. Mas faço isso por que isso mo é imposto por meu instinto de homem social, porque estou habituado a viver entre os homens, e por meu interesse em não me fazer maltratar; se eu agisse de outra maneira, aqueles que eu incomodaria logo me fariam compreender, de um modo ou de outro, os problemas que o fato de ser um rude provoca. Não quero que legisladores venham dizer-me de que modo devo comportar-me em um bar, e não os creio capazes de ensinar-me a educação que eu não soubesse aprender na sociedade na qual vivo.

Como faz Merlino para extrair de tudo isso que um resto de parlamentarismo deverá existir até mesmo na sociedade à qual aspiramos?

O parlamentarismo é uma forma de governo no qual os eleitos do povo reunidos em corpo legislativo fazem as leis que lhes cantam, à maioria dos votos, e as impõem ao povo com todos os meios coercitivos dos quais podem dispor.

E é um resto dessas belas prerrogativas que Merlino gostaria de conservar, inclusive em anarquia? No parlamento, fala-se, discute-se, delibera-se, e isso se fará sempre, em qualquer sociedade possível e imaginável: é isso que Merlino chama de resto de parlamentarismo?

Seria realmente brincar em demasia com as palavras, e

Merlino é capaz de empregar outros procedimentos, e bem mais sérios, em uma discussão.

Quando ambos polemizamos com esses anarquistas que se opõem a todo congresso porque eles veem nisso precisamente uma forma de parlamentarismo, Merlino não se recorda do que nós dois sustentávamos? Dizíamos que a essência do parlamentarismo encontra-se no fato de que os parlamentos fazem as leis e impõem-nas; enquanto um congresso anarquista apenas discute e propõe resoluções que não têm valor executório senão depois de aprovação dos mandantes e apenas por aqueles que as aprovam.

Ou teriam as palavras mudado de sentido, agora que Merlino não tem mais as mesmas ideias?

COLEÇÃO HEDRA

1. *Iracema*, Alencar
2. *Don Juan*, Molière
3. *Contos indianos*, Mallarmé
4. *Auto da barca do Inferno*, Gil Vicente
5. *Poemas completos de Alberto Caeiro*, Pessoa
6. *Triunfos*, Petrarca
7. *A cidade e as serras*, Eça
8. *O retrato de Dorian Gray*, Wilde
9. *A história trágica do Doutor Fausto*, Marlowe
10. *Os sofrimentos do jovem Werther*, Goethe
11. *Dos novos sistemas na arte*, Maliévitch
12. *Mensagem*, Pessoa
13. *Metamorfoses*, Ovídio
14. *Micromegas e outros contos*, Voltaire
15. *O sobrinho de Rameau*, Diderot
16. *Carta sobre a tolerância*, Locke
17. *Discursos ímpios*, Sade
18. *O príncipe*, Maquiavel
19. *Dao De Jing*, Lao Zi
20. *O fim do ciúme e outros contos*, Proust
21. *Pequenos poemas em prosa*, Baudelaire
22. *Fé e saber*, Hegel
23. *Joana d'Arc*, Michelet
24. *Livro dos mandamentos: 248 preceitos positivos*, Maimônides
25. *O indivíduo, a sociedade e o Estado, e outros ensaios*, Emma Goldman
26. *Eu acuso!*, Zola | *O processo do capitão Dreyfus*, Rui Barbosa
27. *Apologia de Galileu*, Campanella
28. *Sobre verdade e mentira*, Nietzsche
29. *O princípio anarquista e outros ensaios*, Kropotkin
30. *Os sovietes traídos pelos bolcheviques*, Rocker
31. *Poemas*, Byron
32. *Sonetos*, Shakespeare
33. *A vida é sonho*, Calderón
34. *Escritos revolucionários*, Malatesta
35. *Sagas*, Strindberg
36. *O mundo ou tratado da luz*, Descartes
37. *O Ateneu*, Raul Pompeia
38. *Fábula de Polifemo e Galateia e outros poemas*, Góngora
39. *A vênus das peles*, Sacher-Masoch
40. *Escritos sobre arte*, Baudelaire
41. *Cântico dos cânticos*, [Salomão]
42. *Americanismo e fordismo*, Gramsci
43. *O princípio do Estado e outros ensaios*, Bakunin
44. *O gato preto e outros contos*, Poe
45. *História da província Santa Cruz*, Gandavo
46. *Balada dos enforcados e outros poemas*, Villon
47. *Sátiras, fábulas, aforismos e profecias*, Da Vinci
48. *O cego e outros contos*, D.H. Lawrence

49. *Rashômon e outros contos*, Akutagawa
50. *História da anarquia (vol. 1)*, Max Nettlau
51. *Imitação de Cristo*, Tomás de Kempis
52. *O casamento do Céu e do Inferno*, Blake
53. *Cartas a favor da escravidão*, Alencar
54. *Utopia Brasil*, Darcy Ribeiro
55. *Flossie, a Vênus de quinze anos*, [Swinburne]
56. *Teleny, ou o reverso da medalha*, [Wilde et al.]
57. *A filosofia na era trágica dos gregos*, Nietzsche
58. *No coração das trevas*, Conrad
59. *Viagem sentimental*, Sterne
60. *Arcana Cœlestia e Apocalipsis revelata*, Swedenborg
61. *Saga dos Völsungos*, Anônimo do séc. XIII
62. *Um anarquista e outros contos*, Conrad
63. *A monadologia e outros textos*, Leibniz
64. *Cultura estética e liberdade*, Schiller
65. *A pele do lobo e outras peças*, Artur Azevedo
66. *Poesia basca: das origens à Guerra Civil*
67. *Poesia catalã: das origens à Guerra Civil*
68. *Poesia espanhola: das origens à Guerra Civil*
69. *Poesia galega: das origens à Guerra Civil*
70. *O chamado de Cthulhu e outros contos*, H.P. Lovecraft
71. *O pequeno Zacarias, chamado Cinábrio*, E.T.A. Hoffmann
72. *Tratados da terra e gente do Brasil*, Fernão Cardim
73. *Entre camponeses*, Malatesta
74. *O Rabi de Bacherach*, Heine
75. *Bom Crioulo*, Adolfo Caminha
76. *Um gato indiscreto e outros contos*, Saki
77. *Viagem em volta do meu quarto*, Xavier de Maistre
78. *Hawthorne e seus musgos*, Melville
79. *A metamorfose*, Kafka
80. *Ode ao Vento Oeste e outros poemas*, Shelley
81. *Oração aos moços*, Rui Barbosa
82. *Feitiço de amor e outros contos*, Ludwig Tieck
83. *O corno de si próprio e outros contos*, Sade
84. *Investigação sobre o entendimento humano*, Hume
85. *Sobre os sonhos e outros diálogos*, Borges | Osvaldo Ferrari
86. *Sobre a filosofia e outros diálogos*, Borges | Osvaldo Ferrari
87. *Sobre a amizade e outros diálogos*, Borges | Osvaldo Ferrari
88. *A voz dos botequins e outros poemas*, Verlaine
89. *Gente de Hemsö*, Strindberg
90. *Senhorita Júlia e outras peças*, Strindberg
91. *Correspondência*, Goethe | Schiller
92. *Índice das coisas mais notáveis*, Vieira
93. *Tratado descritivo do Brasil em 1587*, Gabriel Soares de Sousa
94. *Poemas da cabana montanhesa*, Saigyō
95. *Autobiografia de uma pulga*, [Stanislas de Rhodes]
96. *A volta do parafuso*, Henry James
97. *Ode sobre a melancolia e outros poemas*, Keats
98. *Teatro de êxtase*, Pessoa
99. *Carmilla — A vampira de Karnstein*, Sheridan Le Fanu

100. *Pensamento político de Maquiavel*, Fichte
101. *Inferno*, Strindberg
102. *Contos clássicos de vampiro*, Byron, Stoker e outros
103. *O primeiro Hamlet*, Shakespeare
104. *Noites egípcias e outros contos*, Púchkin
105. *A carteira de meu tio*, Macedo
106. *O desertor*, Silva Alvarenga
107. *Jerusalém*, Blake
108. *As bacantes*, Eurípides
109. *Emília Galotti*, Lessing
110. *Contos húngaros*, Kosztolányi, Karinthy, Csáth e Krúdy
111. *A sombra de Innsmouth*, H.P. Lovecraft
112. *Viagem aos Estados Unidos*, Tocqueville
113. *Émile e Sophie ou os solitários*, Rousseau
114. *Manifesto comunista*, Marx e Engels
115. *A fábrica de robôs*, Karel Tchápek
116. *Sobre a filosofia e seu método — Parerga e paralipomena (v. II, t. 1)*, Schopenhauer
117. *O novo Epicuro: as delícias do sexo*, Edward Sellon
118. *Revolução e liberdade: cartas de 1845 a 1875*, Bakunin
119. *Sobre a liberdade*, Mill
120. *A velha Izerguil e outros contos*, Górki
121. *Pequeno-burgueses*, Górki
122. *Um sussurro nas trevas*, H.P. Lovecraft
123. *Primeiro livro dos Amores*, Ovídio
124. *Educação e sociologia*, Durkheim
125. *Elixir do pajé — poemas de humor, sátira e escatologia*, Bernardo Guimarães
126. *A nostálgica e outros contos*, Papadiamántis
127. *Lisístrata*, Aristófanes
128. *A cruzada das crianças / Vidas imaginárias*, Marcel Schwob
129. *O livro de Monelle*, Marcel Schwob
130. *A última folha e outros contos*, O. Henry
131. *Romanceiro cigano*, Lorca
132. *Sobre o riso e a loucura*, [Hipócrates]
133. *Hino a Afrodite e outros poemas*, Safo de Lesbos
134. *Anarquia pela educação*, Élisée Reclus
135. *Ernestine ou o nascimento do amor*, Stendhal
136. *A cor que caiu do espaço*, H.P. Lovecraft
137. *Odisseia*, Homero
138. *O estranho caso do Dr. Jekyll e Mr. Hyde*, Stevenson
139. *História da anarquia (vol. 2)*, Max Nettlau
140. *Eu*, Augusto dos Anjos
141. *Farsa de Inês Pereira*, Gil Vicente
142. *Sobre a ética — Parerga e paralipomena (v. II, t. II)*, Schopenhauer
143. *Contos de amor, de loucura e de morte*, Horacio Quiroga
144. *Memórias do subsolo*, Dostoiévski
145. *A arte da guerra*, Maquiavel
146. *O cortiço*, Aluísio Azevedo
147. *Elogio da loucura*, Erasmo de Rotterdam

148. *Oliver Twist*, Dickens
149. *O ladrão honesto e outros contos*, Dostoiévski
150. *Diários de Adão e Eva e outros escritos satíricos*, Mark Twain
151. *Cadernos: Esperança do mundo*, Albert Camus
152. *Cadernos: A desmedida na medida*, Albert Camus
153. *Cadernos: A guerra começou...*, Albert Camus
154. *Escritos sobre literatura*, Sigmund Freud
155. *O destino do erudito*, Fichte

Edição _	Jorge Sallum
Co-edição _	André Fernandes e Bruno Costa
Capa e projeto gráfico _	Júlio Dui e Renan Costa Lima
Programação em LaTeX _	Marcelo Freitas
Consultoria em LaTeX _	Roberto Maluhy Jr.
Tradução da Introdução _	Julia Duarte
Revisão _	Hedra
Colofão _	Adverte-se aos curiosos que se imprimiu esta obra em nossas oficinas em 16 de novembro de 2015, em papel off-set 90 g/m², composta em tipologia Minion Pro, em GNU/Linux (Gentoo, Sabayon e Ubuntu), com os softwares livres LaTeX, DeTeX, VIM, Evince, Pdftk, Aspell, SVN e TRAC.